한 번에 개발하는

안드로이드/iOS 앱
with 델파이

2편 - 고급활용
DB·클라우드·3D

한번에 개발하는
안드로이드/iOS 앱 with 델파이
2편 – 고급활용 | DB · 클라우드 · 3D

지은이 | 김원경 · 김현수 · 오상현
기 획 | 김나래
펴낸곳 | (주)데브기어 출판부

디자인 | 지와수

초판 발행일 2015년 1월 20일

주소 | 서울특별시 서초구 사평대로 359, 3층 (주)데브기어
전화 | 02-595-4288   FAX : 02-536-4288
홈페이지 | www.devgear.co.kr
전자우편 | ask@embarcadero.kr

ISBN : 978-89-962516-5-1
값 : 10,000원

|머리말|

"여러분의 멋진 첫 단추가 될 것입니다"

바로 시작할 수 있을 만큼 쉽고, 지루하지 않고 재미있게 따라가면서도, 수준 높은 앱을 만들어 볼 수 있는 모바일 프로그래밍 안내서를 만들고 싶었습니다.
다른 기술 서적처럼 앞부분만 읽혀지고 책장에 꽂히는 책이 아니라, 소설 책처럼 부담없이 끝까지 읽게 되는 책을 만들고 싶었습니다.

이 책은 "델파이"라는 멋진 도구를 활용하여 여러분이 지금 바로 모바일앱 개발을 시작할 수 있도록 해줍니다. 이 책의 여러 가지 예제를 함께 구현해가면서, 여러분은 프로그래밍이란 얼마나 멋진 일인지를 경험할 수 있을 것입니다. 그리고 이 책을 마치고 나면, 여러분이 가진 멋진 아이디어들을 실제 앱으로 구현할 수 있는 강력한 "힘"을 가지게 될 것입니다. (물론 열정은 필수! 입니다).

이 짧은 책에 델파이의 강력함을 모두 담을 수는 없습니다. 하지만, 여러분이 "Hello World" 메시지 창을 표시하는 예제부터 시작하다보면 어느새 데이터베이스를 활용하고, 3D나 애니메이션을 이용하여 화려한 앱을 만들고, 클라우드 서비스를 연결하고 있는 자신을 발견하게 될 것입니다. "델파이가 아니라면" 고급 개발자들도 구현하기 까다롭거나 또는 몇 달씩 걸려도 어려운 것들입니다. 이것들을 여러분이 직접 해보게 됩니다.

델파이를 활용하면 안드로이드폰, 아이패드, 윈도우 PC, 맥 컴퓨터에서 작동되는 네이티브앱을 모두 만들 수 있습니다. 모바일앱 개발이 처음이라면, 지금까지 델파이를 경험해 보았거나 그렇지 않았거나 관계없이 이 책은 여러분의 멋진 첫 단추가 될 것입니다.

안드로이드앱 마켓 1위의 기술력과 경험을 담아주신 인포티엠의 오상현 님, 20년의 델파이 강의 경력을 바탕으로 저술해주신 김원경 님, 델파이 에반젤리즘 김현수 님, 그리고 꼼꼼히 검토해주신 문효섭 기술 이사님과 데브기어 팀에 감사의 인사를 전합니다.

데브기어 대표이사 박 범 용

| 이 책을 읽기 전에 |

엠바카데로 테크놀러지스(Embarcadero Technologies)는 멀티 디바이스 시대의 흐름에 맞춰 다양한 플랫폼(안드로이드, iOS, OSX, 윈도우)의 네이티브(native) 앱을 개발할 수 있는 개발툴인 델파이를 출시하였습니다.

사실 델파이는 VCL이라는 방대한 컴포넌트 라이브러리를 바탕으로 전 세계의 수 많은 개발자들에 의해 1980년대 초부터 지금까지 다양한 분야의 응용프로그램을 개발하는데 활용이 되고 있습니다. 한때 델파이와 더불어 개발툴 시장을 호령했던 경쟁툴들이 쇠퇴의 길을 걷고 있는 것과는 대조적으로 델파이는 개발툴의 기술 리더답게 오늘날 동일한 소스 코드로 윈도우와 맥(OSX)에 이어 iOS와 안드로이드 플랫폼 모두를 동시에 개발할 수 있는 최강의 툴이 되었습니다.

특히 델파이로 개발하는 앱은 네이티브(native)앱으로써 성능, 안정성, 사용자 만족도 측면에서 웹앱 기반의 하이브리드 앱과는 비교를 할 수 없는 우위를 제공하고 있습니다.

이 책은 1편 기초다지기에 이은 2편 고급 과정으로써 다양한 디바이스 활용, 데이터 연동, 3D 구현 등 다양한 기술을 이용하여 모바일 앱의 기능을 더욱 고급스럽게 구현할 수 있는 방법을 학습할 수 있도록 합니다.

비록 이 책이 모바일 앱을 처음 개발하는 초보 개발자를 대상으로 쓰여졌지만 현 시대의 앱 개발에 필요한 다양한 기능들을 학습할 수 있도록 구성하였기 때문에 단순한 앱 개발을 넘어서 여러가지 분야의 업무에 활용할 수 있는 강력한 앱을 개발 할 수 있는 기초를 다져줍니다.

저희가 생각하는 이 책의 독자는 다음과 같습니다.

1) 한번에 개발하는 안드로이드/iOS 앱 with 델파이 1편을 학습한 사람
2) 다양한 데이터를 활용한 모바일 앱 개발을 하고자 하는 개발자
3) 모바일 앱의 UI를 더욱 멋지게 구성하고자 하는 개발자
4) 스마트폰은 물론 웨어러블 디바이스 등 다양한 디바이스용 앱을 만들고자 하는 개발자

이 책은 따라하기 형태의 다양한 실습 예제를 위주로 학습하도록 구성하였습니다.
이와 같이 구성한 이유는 두 가지입니다.

첫째, 실습을 통하여 앱 개발을 체험함으로써 재미있고 손쉽게 학습을 할 수 있으며 다양한 실습을 응용하여 실제 앱 개발에 활용할 수 있습니다.
둘째, 델파이로 모바일을 개발하므로 복잡한 코딩 없이 컴포넌트 기반으로 개발하게 됩니다. 컴포넌트 사용법은 매우 쉽고 강력하기 때문에 재미있는 실습을 통해 학습하도록 구성했습니다.

이 책은 총 3 개의 파트와 부록으로 구성되어 있습니다.
첫 번째 파트는 전화번호나 사진 라이브러리 등 스마트폰의 정보를 활용하는 방법과 모바일 앱에서 필요한 데이터를 임베디드 DBMS 또는 원격 서버를 이용하여 활용하는 방법을 학습합니다.
두 번째 파트는 외부의 다양한 데이터를 연동하여 활용하기 위해 자주 사용되고 있는 REST 방식의 데이터 교환 및 클라우드 서비스 활용법을 학습하고 구글 클라우드 메시지 또는 애플 푸쉬 알림 등을 사용해봅니다.
세 번째 파트는 파이어몽키에서 제공되는 뛰어난 3D 기능을 알아보고, 아주 쉽게 3D를 사용하는 방법을 학습합니다.
부록에서는 다양한 디바이스를 활용하기 위한 블루투스 통신, 앱의 UI를 더욱 멋지게 만들 수 있는 파이어몽키 스타일, 각 플랫폼에서 제공되는 API를 활용하여 SMS나 메일을 보내는 방법 등을 학습합니다.

하나의 파트는 여러 개의 장으로 구성됩니다.

각 장에서는 초반부에 간단하게 이론을 설명하고, 바로 따라하기를 통한 실습으로 내용을 익히도록 구성하였습니다.

책을 읽을 때 눈으로만 내용을 익히지 말고 반드시 따라하기를 통해 프로젝트를 생성하고, 코딩 (또는 제공되는 소스 참조)을 하고, 그 결과를 직접 확인하여 자기 것으로 만들기 바랍니다. (실패를 경험할 때 가장 많은 것을 배운다고 합니다. 직접 코딩을 하고, 오류가 발생하면 이것을 해결하기 위해 다양한 시도를 하는 그 경험은 눈으로만 보고 이해하는 것보다 오랫동안 기억됩니다.)

각 장의 마지막에는 활용 실습을 두어 그 동안 학습한 내용을 혼자서 구현해 볼 수 있도록 실습 문제가 출제됩니다. 각 문제에 대한 답은 제공되는 소스 코드를 통해 확인 할 수 있습니다.

이 책에는 문법적인 부분을 되도록이면 포함하지 않았습니다.

Object Pascal 문법을 포함할 경우 책의 분량이 방대해지고 내용 또한 어렵게 느껴질 수 있기 때문입니다. 만약 문법에 대한 심도있는 학습이 필요한 경우 데브기어에서 출판된 [델파이 Begin … End]와 [델파이 프로그래밍 언어]를 추천합니다.

이 책에 나온 따라하기와 활용 실습의 소스 코드는 www.devgear.co.kr/book에서 다운로드 받을 수 있습니다. (참고로, 소스 코드는 이 책을 완성한 현재 시점에 델파이 최신 버전인 XE7를 기준으로 되어 있습니다.)

마지막으로 이 책의 내용에 대해서 의견 또는 궁금하신 사항이 있는 경우 데브기어의 기술지원 홈페이지(tech.devgear.co.kr)를 통하여 언제든지 질의를 남겨주기 바라며 데브기어에서 진행하는 다양한 교육 과정을 수강하는 것도 많은 도움이 될 것입니다.
(www.devgear.co.kr/support/education)

한번에 개발하는
안드로이드/iOS 앱 with 델파이

Part 1 / 데이터

1장 | 스마트폰의 정보 사용하기   12

    1. OS 기능을 이용한 스마트폰의 정보 조회하기   12

    2. 모바일 디바이스에 파일 배포하기   16

2장 | 임베디드 데이터베이스(IBLite, SQLite) 활용 앱 만들기   23

    1. 임베디드 데이터베이스 사용   23

    2. 데이터베이스 생성하기(IBLite)   24

    3. 간단한 정보를 보관할 수 있는 INI 파일 이용하기   35

실습 | 만들어 봅시다! : 사원정보 실전 앱   41

3장 | 데이터스냅(DataSnap)으로 멀티-티어 데이터베이스 앱 만들기   58

    1. 멀티-티어와 미들웨어 이해하기   58

    2. 데이터스냅으로 미들웨어 구성하기 전 확인 사항   60

    3. 데이터스냅의 특징 살펴보기   61

    4. 데이터스냅 미들웨어 서버 만들기   63

    5. 데이터스냅 모바일 클라이언트 만들기   70

| Contents |

Part 2 / 웹서비스와 클라우드

4장 | 웹 서비스 데이터 이용하기   80

  1. REST 클라이언트로 웹 서비스 JSON 데이터 활용하기   81

  2. IdHTTP 컴포넌트로 웹서비스 XML 데이터 활용하기   94

5장 | Cloud Service(BaaS)의 활용   101

  1. BaaS(Backend as a Service) 이해   101

  2. 원격 푸쉬 알림(GCM, APN) 구현하기   103

Part 3 / FireMonkey 3D 활용

6장 | FireMonkey 3D 오브젝트와 좌표계 이해   126

  1. 파이어몽키 3D 맛보기   126

  2. 3D Form을 구성하는 두 가지 방법   129

  3. 여러가지 3D 오브젝트 다루기   132

  4. Light와 Material로 3D 오브젝트표현하기   135

  5. 이동과 회전을 통한 3D 오브젝트 좌표 속성 이해하기   139

  6. 3D 오브젝트에 TFloatAnimation 효과주기   141

  7. Dummy 오브젝트를 활용한 상태 좌표 구성 방법   143

7장 | 카메라(뷰 포인트)의 이해와 활용   147

  1. 카메라(뷰 포인트) 추가 활용 방법   147

  2. 멀티 카메라 생성으로 뷰포인트 변화 주기   150

  3. TFloatAnimation을 적용하여 카메라를 이동 시키기   152

  4. 카메라를 이용한 줌(Zoom)과 팬(Pan)   154

8장 | 3D 사용자 인터페이스(User Interface) 구현　157

　1. 부드러운 화면 터치로 3D 뷰포인트 제어　157

　2. 큐브와 바람개비　161

　3. 실린더와 트위스터　169

　4. 커버플로우　173

　5. TLayer3D로 3D/2D 복합 UI 구성　176

부록

1장 | 델파이 단축키　184

2장 | 파이어몽키 스타일(Styles)　189

　1. VCL과 파이어몽키의 스타일　189

　2. 파이어몽키 스타일 예제　190

3장 | 사물인터넷(IoT)과 블루투스　204

4장 | 플랫폼 SDK/API 및 안드로이드 .jar 사용하기　213

5장 | EMS(Enterprise Mobility Services) 이용하기　220

　1. EMS 소개　220

　2. 간단한 EMS 커스텀 API 만들기　222

PART 01

데이터

OS 고유 기능을 이용해 모바일 디바이스 정보를 조회하고,
모바일 디바이스로 파일을 배포하고 활용합니다.
임베디드(Embedded)형 데이터베이스를 활용합니다.
멀티-티어 데이터베이스 활용 앱을 만들어봅니다.

Mobile App

1장

스마트폰의 정보 사용하기

이 장에서는 스마트폰의 정보(기기 종류와 운영체제 정보)를 조회하는 방법과 스마트폰에 이미지, 데이터 파일 등을 넣고 필요할 때 앱에서 활용하는 방법을 알아보겠습니다.

1. OS 기능을 이용한 스마트폰의 정보 조회하기

델파이는 컴포넌트를 이용하여 개발하기 때문에 아주 쉽고 빠르게 앱을 만들 수 있습니다. 이렇게 컴포넌트를 이용하여 만들어진 앱을 컴파일 할 때에 타겟 플랫폼을 안드로이드로 선택한 경우에는 내부적으로 안드로이드의 API를 이용해 앱이 만들어지고, 타겟 플랫폼을 iOS(iOS Device, iOS Simulator)로 선택한 경우에는 내부적으로 iOS의 API를 이용해 앱이 만들어집니다. 스마트폰의 정보 조회하기 기능은 델파이 기본 컴포넌트로 제공되지 않는 기능입니다. 하지만 컴포넌트가 동작하는 원리와 같이 우리는 플랫폼(안드로이드와 iOS) 별로 동작하는 코드를 작성해 스마트폰의 정보를 조회할 수 있습니다.

이 과정을 이해하면 소스 코드를 하나로 유지하면서 안드로이드와 iOS의 고유 기능을 활용할 수 있는 앱을 개발할 수 있습니다.

스마트폰의 기기 모델, OS 종류, OS 버전을 OS의 고유기능을 이용해 조회하고, 화면에 표시하는 앱을 만들어봅니다.

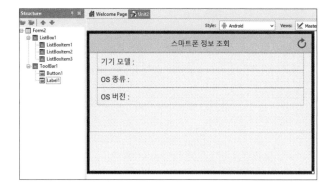

01 File 〉 New 〉 Multi-Device Application - Delphi(XE6 이하 버전은 FireMonkey Mobile Application - Delphi) 〉 Blank Application을 클릭합니다.
(모바일 스타일로 UI를 작성하기 위해 스타일을 Android로 선택 후 작업합니다.)

02 위의 스트럭처 뷰와 폼 디자이너 그리고 아래의 표를 참고해 UI를 완성합니다.

상위 오브젝트	오브젝트	속성	값(또는 설명)
Form1	ToolBar1		
ToolBar1	Label1	Align	Contents
		Text	스마트폰 정보 조회
		TextSettings.HorzAlign	Center
	Button1	Align	Right
		StyleLookup	refreshtoolbutton
Form1	ListBox1	Align	Top
		StyleLookup	transparentlistboxstyle
ListBox1	ListBoxItem1 ListBoxItem2 ListBoxItem3	Text	각각 다음과 같이 입력 '기기모델 :' 'OS 종류 :' 'OS 버전 :'
		StyleLookup	3개 모두 'listboxitemrightdetail' 로 설정

03 스마트폰의 정보 조회에 필요한 플랫폼 별 고유의 유닛 사용을 위해 아래 코드를 플랫폼 별로 추가합니다. (implementation과 {$R *.fmx} 사이의 코드를 입력합니다.)

```
implementation
{$IFDEF ANDROID}
// 안드로이드로 컴파일(Target Platforms > Android) 하는 경우만 아래 코드를 사용
uses
  Androidapi.Jni.Os, Androidapi.Helpers;
{$ENDIF}
{$IFDEF IOS}
// iOS로 컴파일(Target Platforms > iOS Device/Simulator) 하는 경우만 아래 코드를 사용
uses
  iOSapi.UIKit, Macapi.Helpers;
{$ENDIF}

{$R *.fmx}
```

04 안드로이드 버전 문자열을 코드명으로 반환하는 함수(GetAndroidCodename)를 {$R *.fm} 아래에 추가합니다. 안드로이드 플랫폼으로 컴파일하는 경우에만 사용하도록 조건부 컴파일 문({$IFDEF ANDROID} … {$ENDIF})으로 함수를 감싸줍니다.

```
{$IFDEF ANDROID}
function GetAndroidCodename(VerString: string): string;
var
  iVer: Single;
begin
  if TryStrToFloat(VerString, iVer) then
  begin
    if iVer >= 5.0 then      Result := '롤리팝'
    else if iVer >= 4.4 then  Result := '킷캣'
    else if iVer >= 4.1 then  Result := '젤리빈'
    else if iVer >= 4.0 then  Result := '아이스크림샌드위치'
    else if iVer >= 3.0 then  Result := '허니콤'
    else if iVer >= 2.3 then  Result := '진저브레드'
    else if iVer >= 2.2 then  Result := '프로요'
    else                      Result := 'Unkown';
  end
  else
    Result := 'Unkown';
end;
{$ENDIF}
```

05 새로고침 버튼(Button1)의 OnClick 이벤트핸들러를 만들고 아래 코드를 작성합니다.
(Button1 선택 > Object Inspector > Events 탭 선택 > OnClick 이벤트 우측 콤보박스 더블
클릭 > begin … end 사이의 코드 입력)

```pascal
procedure TForm1.Button1Click(Sender: TObject);
begin
// 기기모델, OS종류, OS버전 표시
{$IFDEF ANDROID}
  ListBoxItem1.ItemData.Detail := JStringToString(TJBuild.JavaClass.MODEL);
  ListBoxItem2.ItemData.Detail := GetAndroidCodename(JStringToString(TJBuild_
VERSION.JavaClass.RELEASE));
  ListBoxItem3.ItemData.Detail := JStringToString(TJBuild_VERSION.JavaClass.
RELEASE);
{$ENDIF}
{$IFDEF IOS}
  ListBoxItem1.ItemData.Detail := NSStrToStr(Device.systemName);
  ListBoxItem2.ItemData.Detail := NSStrToStr(Device.systemVersion);
  ListBoxItem3.ItemData.Detail := NSStrToStr(Device.model);
{$ENDIF}
end;
```

 Tip

조건부 컴파일(Conditional Compilation)

앞에서 사용한 {$IFDEF ANDROID}{$ENDIF}, {$IFDEF IOS}{$ENDIF}
이 조건부 컴파일 입니다.

{$IFDEF}는 뒤의 ANDROID, IOS와 같은 심볼이 정의되어 있으면 블
록안의 코드를 컴파일하고 앱 실행 시 동작합니다. {$IFNDEF}는 뒤
의 심볼이 정의되지 않은 경우 블록안의 코드를 컴파일합니다.

조건부 컴파일의 대표적인 심볼은 Target Platforms에 선택 시 자동
정의되는 ANDROID, IOS, MSWINDOWS, MACOS와 Build
Configurations 선택시 정의되는 DEBUG, RELEASE가 있습니다. 이
두종류는 Project Manager에서 선택하면 자동으로 정의됩니다.

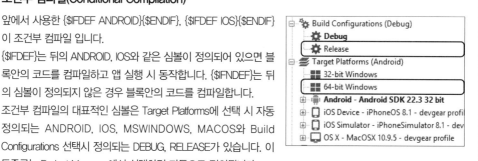

여러분의 코드에 조건에 따라 코드를 사용하려면 {$DEFINE TEST}로 TEST라는 심볼을 정의할 수 있고, {$UNDEF
TEST}로 심볼 정의를 해제할 수 있습니다. TEST 심볼이 정의된 경우 테스트 코드를 동작하도록 하는 용도로 응용
할 수 있습니다.

더 자세한 내용은 엠바카데로 기술 도움말을 통해 살펴볼 수 있습니다.
• http://docwiki.embarcadero.com/RADStudio/XE7/en/Conditional_compilation_(Delphi)

06 구현이 완료되었습니다. 프로젝트 매니저의 타겟플랫폼을 안드로이드 또는 iOS로 선택하고 실행해 동작을 확인합니다.

간단하게 스마트폰의 정보를 플랫폼의 기능을 이용해 조회하는 앱을 만들어 보았습니다. 앞의 따라하기 과정을 진행하였다면 어떻게 하나의 코드로 여러 개의 플랫폼을 동시에 개발할 수 있는지 어렴풋이나마 이해할 수 있으셨을 것입니다. 델파이의 멀티플랫폼 컴포넌트들도 내부를 들여다 보면 각 플랫폼별로 알맞은 동작을 하도록 되어있습니다.

 Tip

아이폰과 달리 안드로이드에만 존재하는 하드웨어 백버튼을 위한 코드 구현하기

조건부 컴파일의 예로 안드로이드의 하드웨어 백버튼을 제어하는 코드를 아래와 같이 구현할 수 있습니다.(안드로이드에 있는 하드웨어 백버튼에서만 작동하며 그 외의 플랫폼(iOS 등)에서는 동작 하지 않습니다.)

```
// 폼의 OnKeyUp 이벤트에서 하드웨어 백버튼을 제어할 수 있습니다.
procedure TForm1.FormKeyUp(Sender: TObject; var Key: Word; var KeyChar:
Char;
  Shift: TShiftState);
begin
{$IFDEF ANDROID}
  if Key = vkHardwareBack then
  begin
    ShowMessage('안드로이드 백버튼을 눌렀습니다.');
    Key := 0; // Key를 0으로 입력해야 앱의 종료를 막을 수 있다.
  end;
{$ENDIF}
end;
```

---

2. 모바일 디바이스에 파일 배포하기

모바일 앱을 만들다 보면 필요한 정보를 저장하기 위한 데이터베이스나 멋진 효과를 내기 위해 이미지와 사운드 등의 데이터가 필요합니다. 이러한 다양한 파일을 앱과 함께 배포하고, 필요할 때 이용하는 방법을 알아보겠습니다. 델파이는 배포(Deployment) 설정 화면에서 배포할 파일을 지정합니다. 이곳에서 파일을 추가(등록) 한 후 대상 플랫폼에 따라 배포 경로(Remote Path)를 알맞게 설정하면 이 파일은 앱에 포함되어 배포됩니다.

각 단계에서 필요한 내용을 설명하고 따라하기를 통해 실습을 진행해 봅니다.

배포 화면(Deployment)

델파이는 IDE상에서 배포할 파일을 등록할 수 있는 Deployment 창을 제공합니다. 프로젝트를 연 상태에서 Project > Deployment 메뉴를 선택하면 다음 그림과 같이 배포화면이 표시됩니다.(배포화면에서 보여지는 목록은 플랫폼별로 다를 수 있습니다.)

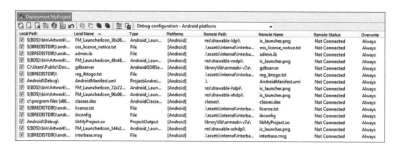

배포화면(Deplyment)의 상단 툴바에는 버튼과 콤보박스를 제공해 배포 목록을 추가, 관리할 수 있습니다. 각 버튼의 기능은 다음과 같습니다.

배포화면(Deployment)의 툴바 버튼 안내

항목	설명
☑	배포 대상 파일 선택. 선택된 항목만 배포합니다.
↻ Reconcile	프로젝트의 배포 정보를 프로젝트 형식과 선택한 플랫폼의 기본값으로 재설정합니다.
➕ Add Files	사용자 파일 추가
✖ Delete Selected Files	선택된 파일 삭제
➕ Add Featured Files	미리 정의된 기능 파일 추가. 주로 데이터베이스 관련 파일이 대상이 됩니다.
⚙ Deploy	배포 목록에 등록된 파일을 기기로 배포합니다.(프로젝트를 컴파일 또는 배포할 경우에도 파일은 함께 배포됩니다.)
⊟ Connect to Remote Machine	장치와 연결하여 배포 파일의 상태를 추적할 수 있습니다.(활성화 된 경우 배포 목록의 Remote Status에 파일 별 상태가 표시됩니다.) 장치와 연결되어 있는 경우 버튼이 클릭된 상태로 변경되고, 연결되어 있지 않은 경우 클릭되지 않은 상태가 됩니다.

항목	설명
↻ Revert to Default	기본값으로 복원(프로젝트를 생성한 시점으로 되돌립니다.)
🗐 Check All Items	모든 항목을 배포 대상에 포함
🗐 Uncheck All Items	모든 항목을 배포 대상에서 제외
■ Check Selected Items	선택 항목을 배포 대상에 포함
■ Uncheck Selected Items	선택 항목을 배포 대상에서 제외
🖥 Change Remote Path for Selected Items	선택 항목의 원격 경로를 설정할 수 있는 대화상자 표시
🔒 Change Overwrite value for selected items	선택 항목의 덮어쓰기(OverWrite) 여부를 설정합니다. 배포 목록의 OverWrite 항목이 Always, Never 상태로 전환됩니다.
Debug configuration - 32-bit Windows platform ▼ 빌드구성, 플랫폼 선택	배포 대상의 빌드 구성과 플랫폼 선택

배포화면(Deployment)의 배포목록에는 다음의 항목으로 구성됩니다.

배포화면(Deployment)의 배포목록 항목안내

속성명	역할
Local Path	로컬 파일 경로(IDE, 즉 델파이가 작동되는 개발자 PC에 있는 파일 경로)
Local Name	로컬 파일명
Type	파일을 구분하기 위한 그룹화에 사용. 사용자가 추가한 파일은 File 항목으로 표시됨.
Platforms	배포할 대상 플랫폼 선택. 플랫폼을 선택하면 해당 플랫폼과 관련된 파일 목록에만 항목이 표시됨. 예) AndroidManifest.xml 파일은 안드로이드 항목만 선택되고, 배포 목록에 표시
Remote Name	원격지에 배포할 파일명
Remote Status	로컬 파일과 원격지 배포 파일의 비교 상태가 표시. 툴바의 Connect to Remote Machine(🖥) 버튼을 누르면 진행됩니다. · Not Connected : 원격 데이터를 찾을 수 없습니다. · Unknown : 검색에 오류가 발생하여 알수 없음 · Never : 원격 파일이 로컬 파일보다 새로운 것 · Older : 원격 파일이 로컬 파일보다 오래된 것 · Same : 로컬 파일과 원격 파일이 동일함 · Not Found : 원격 파일이 없습니다.
Overwrite	파일을 배포할 때 원격지 파일을 덮어쓰게 할 것인지에 대한 상태. 기본값은 Always이며 툴바의 Change Overwrite value for selected items(🔒) 버튼을 이용하여 상태를 변경할 수 있습니다. · Always : 로컬 파일이 원격지 파일보다 새로운 경우 배포합니다. · Never : 원격지에 파일이 있을 경우 배포하지 않습니다.

배포경로(Remote Path) 설정

배포할 파일을 배포 목록에 등록했다면, 플랫폼 별로 배포 경로를 설정해야 합니다.

배포 경로는 플랫폼의 샌드박스(SandBox)로 설정해야 합니다. (샌드박스: 외부로부터 들어온 프로그램을 보호된 영역에서 동작시켜 시스템이 부정하게 조작되는 것을 막는 보안 형태 - 위키백과 참고)

플랫폼별 샌드박스 경로는 아래와 같으며,

- · Android Platform   – 'assets₩internal'
- · iOS Device Platform   – 'StartUp₩Documents'
- · iOS Simulator Platform   – 'StartUp₩Documents'

배포화면에서 빌드구성(Debug configuration - 32-bit Windows platform ▼)을 원하는 플랫폼으로 변경하고, Remote Path를 위와 같이 설정해야 합니다.

||||||| **따 라 하 기** |||||||||||||||||||||||||||||||||||||||||||||||||||||||||||||||||||||||||||||||||||||||||||||||

파일 배포 기능 실습을 위해 이미지 파일을 배포하고 배포한 파일을 불러와 화면에 표시하는 간단한 샘플을 만들어 보겠습니다.

01 File > New > Multi-Device Application – Delphi으로 프로젝트를 만들고 Blank Application 을 선택해 프로젝트를 생성합니다. (스타일을 Andriod 또는 iOS로 선택 후 폼의 크기를 모바일 비율로 조정합니다.)

화면과 기능 구현

02 아래의 스트럭처와 폼 디자이너 그리고 표를 참고해 UI를 구성합니다.

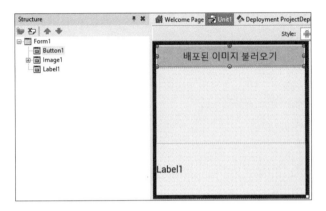

상위 오브젝트	오브젝트	속성	값(또는 설명)
Form1	Button1	Align	Top
		Text	배포된 이미지 불러오기
	Image1	Align	Client
	Label1	Align	Bottom
		Height	100

03 "배포된 이미지 불러오기"의 OnClick 이벤트핸들러를 생성(버튼 더블클릭)하고 다음 코드를 참고해 배포된 이미지 파일을 불러오는 코드를 추가합니다. (TPath 함수는 System. IOUtils 유닛에 구현되어 있기 때문에 유즈절(uses)에 System. IOUtils를 추가합니다.)

```
implementation

uses
  System.IOUtils;

{$R *.fmx}

procedure TForm1.Button1Click(Sender: TObject);
```

```
var
  Path: string;
begin
  Path := TPath.Combine(TPath.GetDocumentsPath, 'sample.jpg');
  if TFile.Exists(Path) then
  begin
    Label1.Text := Path;
    Image1.Bitmap.LoadFromFile(Path);
  end
  else
  begin
    ShowMessage('파일을 찾을 수 없습니다. '#13#10 + Path);
  end;
end;
```

배포파일 추가

04 프로젝트 파일(.dpr 또는 .dproj) 저장 경로 아래에 'Files'라는 폴더를 생성하고 임의의 이미지 파일을 복사합니다. (이 실습에서는 윈도우의 사진 샘플을 sample.jpg로 이름을 변경해 진행합니다.)

05 메인 메뉴에서 Project > Deployment 메뉴를 선택하여 배포화면(Deployment)을 오픈합니다.

07 Add files(🗋) 버튼을 누르고 4번에서 준비한 이미지 파일(sample.jpg)을 선택합니다.

08 (안드로이드 앱을 개발할 경우)배포 목록에서 추가한 파일 항목을 선택하고 툴바의 [빌드구성, 플랫폼 선택] 콤보박스에서 Android Platform을 선택하고 Remote Path를 'assets\internal'로 변경합니다.

09 (iOS 앱을 개발할 경우)배포 목록에서 추가한 파일을 선택하고 툴 바의 [빌드구성, 플랫폼 선택] 콤보박스에서 iOS Device Platform(그리고 iOS Simulator Platform)을 선택하고 Remote Path를 'StartUp\Documents'로 변경합니다.

결과 확인

09 구현이 완료되었습니다. 앱을 실행하고 "배포된 이미지 불러오기" 버튼을 눌러 이미지가 표시되는 모습을 확인합니다.

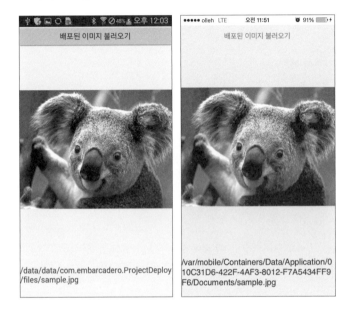

모바일 기기로 파일을 배포하고 앱에서 로드해 화면에 표시하는 과정을 진행했습니다.
이번 과정을 참고해 여러분들이 필요한 이미지 파일, 사운드 파일, 데이터베이스 파일 등을 등록하고 배포할 수 있습니다.

2장

임베디드 데이터베이스 (IBLite, SQLite) 활용 앱 만들기

임베디드(embedded) 데이터베이스는 기기에 내장되는 데이터베이스로써 PC용 프로그램, 네비게이션, 전자사전 등 다양한 기기에 널리 사용되고 있으며 제한된 메모리와 저장 공간을 가진 모바일 디바이스에도 널리 사용되고 있습니다. 이 장에서는 임베디드 데이터베이스를 이용해 앱을 만들고, 모바일 앱 배포 시 임베디드 데이터베이스도 함께 배포하는 방법을 알아보겠습니다.

1. 임베디드 데이터베이스 사용

PC용 응용프로그램은 물론 모바일 앱에 있어서 가장 기본적이고도 빈번하게 사용하는 기능은 원하는 정보를 입력하고 저장하고 제공하는 데이터와 관련된 기능일 것입니다. 그리고 이런 기능을 구현하는 가장 보편적인 방법은 DBMS를 활용하는 것이며 모바일 앱은 디바이스의 특성상 외부의 DBMS를 연동하기 보다는 기기 내에 탑재(Embedded)되는 DBMS를 주로 사용합니다. 물론 외부의 DBMS에 연동하거나 웹서비스를 이용하는 방법도 자주 사용되며, 이 부분은 이 장 이후에 학습하게 됩니다.

현재 모바일 시장에서 주로 사용하는 대표적인 임베디드 데이터베이스는 Interbase ToGo와 SQLite가 있으며, 두 가지 모두 델파이 모바일 앱에서 사용할 수 있습니다. Interbase ToGo의 경우 델파이 설치 시 옵션(기본으로 선택되어 있음)으로 같이 설치할 수 있으며, 데이터베이스 엔진과 개발환경이 모두 제공되므로 별도로 개발환경을 구축해야 할 필요가 없습니다. 이 장에서는 Interbase ToGo의 임베디드 데이터베이스 무료 버전인 IBLite를 이용하여 예제를 진행 하겠습니다. (SQLite도 데이터베이스를 만들고 연결하는 과정만 차이가 있을 뿐 개발 방식은 동일합니다.)

IBLite 소개

InterBase ToGo는 엠바카데로 테크놀러지의 인터베이스(InterBase) 데이터베이스 에디션 중 하나입니다. InTerBase ToGo는 고성능, 멀티플랫폼(Windows, Mac OS X, iOS, Android) 지원 등 강력한 기능을 제공하면서도 DBA가 필요 없을 만큼 높은 신뢰성과 성능을 보장합니다. (http://www.devgear.co.kr/products/interbase)

IBLite와 InterBase ToGo는 모바일에서 사용 할 수 있는 임베디드 형 데이터베이스로 암호화 등 몇 가지 기능에 있어서 차이가 있습니다. 차이는 아래의 표와 같습니다.(제품의 스펙은 변경될 수 있습니다)

기능	IBLite	InterBase ToGo
가격 정책	무료	유료
CPU 코어 사용 권한	1	4
허용하는 동시 사용자 수	1	2
사용자 당 연결 수	1	4
데이터베이스 열 암호화(AES)	X	O
네트워크 암호화	X	O
데이터베이스 파일크기 제한	100 MB	제한 없음
연결 당 트렌잭션 제한	1	제한 없음
서비스 API 사용	X	O
OTW/SSL 지원	X	O

IBLite와 SQLite

모바일 임베디드 DBMS는 다양한 제품들이 출시되고 있습니다만 주로 사용되는 제품으로는 SQLite, IBLite 등이 있습니다. SQLite는 현재 모바일 앱에서 가장 많이 사용되는 임베디드 DB이지만 오픈소스로서 품질이나 기술 지원 등을 보장할 수는 없는 반면에, IBLite는 엠바카데로의 Inetrbase DBMS의 에디션 중 하나로써 강력한 기능은 기본이며 엠바카데로라는 신뢰할 수 있는 회사가 제품의 품질과 지원을 보장되기 때문에 기업체나 공공기관에서 상당히 선호하는 제품입니다.

2. 데이터베이스 생성하기(IBLite)

이번 장에서 실습하는 작업관리 앱과 사원관리 앱에서 사용하는 IBLite 데이터베이스를 생성하겠습니다.

IBLite 데이터베이스 생성과 관리는 IBConsole을 이용합니다. IBConsole은 델파이 설치 시 함께 설치되는 InterBase 데이터베이스 관리 툴이며, 데이터베이스 생성, 테이블 관리, 데이터 조회 등의 기능을 제공합니다.

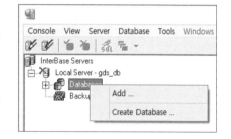

||||||| **따 라 하 기** |||||||||||||||||||||||||||||||||||||||||||||||||||||||||||||||||||||||||||||||||||||||

따라하기에서는 모바일 앱에서 사용할 데이터베이스를 생성하는 과정을 진행합니다. 참고로
이 장의 끝에서 진행하는 "실습 만들어 봅시다!: 사원관리 앱"에서 사용하는 데이터베이스도 이
번 따라하기를 참고해 만들게 됩니다.

01 IBConsole 실행(윈도우 Start 〉 Embarcadero InterBase XE3 〉 64-bit instance = gds_db 〉
IBConsole : 사용자 환경에 따라 다를 수 있습니다.)

02 데이터베이스 생성을 위해 좌측 트리 메뉴에서
Database를 마우스 오른쪽을 클릭하여 **Create
Database…** 메뉴를 선택합니다.
(만약, Database 항목이 보이지 않는다면, Inter
Base Servers에 마우스 오른쪽 버튼을 클릭하여
추가 후에 진행합니다.)

03 데이터베이스 파일을 저장할 경로와 옵션을 설
정 후 **OK** 버튼을 클릭하여 데이터베이스를 생
성합니다.

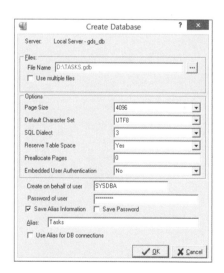

항목	설정값	비고
File Name	D:₩TASKS.gdb	저장 경로 지정(확장자 gdb로 지정)
Default Character Set	UTF8	한글입력 위해 필요
Create on behalf of user	SYSDBA	
Password of user	masterkey	

04 Database Connect 창이 표시되면, 위에서 입력한 계정을 입력하고 Connect 버튼을 클릭하여 접속합니다. (한글 처리를 위해 Display Character Set은 UTF8로 선택합니다.)

(이슈: "대상 컴퓨터에서 연결을 거부했으므로 연결하지 못했습니다." 메시지가 나오고 연결을 실패한 경우 인터베이스를 실행(시작 > 모든프로그램 > Embarcadero InterBase XE3 > InterBase Server Manager > Start)하고 2단계부터 다시 진행합니다.)

05 왼쪽의 트리메뉴에서 Tables 항목을 선택하고, 오른쪽 창에서 마우스 오른쪽을 클릭하여 Create 메뉴를 선택합니다.

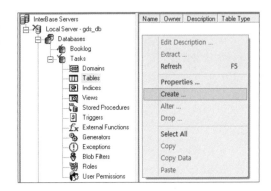

06 Table Name 항목에 'TASK' 입력 후 Add field 버튼을 클릭합니다.

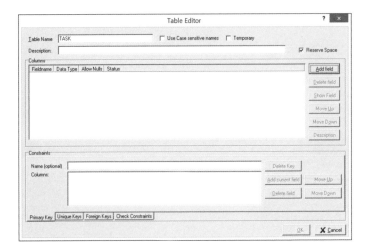

07 Field property editor 창에서 Name 항목에 'TASKNAME'입력, Field Kind의 Specified Datatype 선택, Edit Data Type을 클릭합니다.

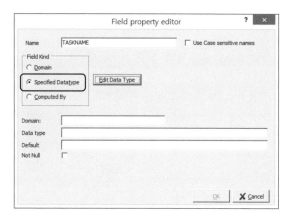

08 Data Type Editor 창에서 SQL Type을 VARCHAR 선택, Characterlength '50'입력, Character Set을 UTF8 선택 후 OK 버튼을 클릭합니다. (Field property edit 창에서 도 OK를 클릭합니다.)

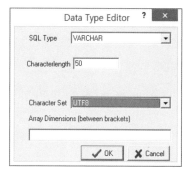

09 Table Editor 창의 OK 버튼을 클릭 후 테이블 목록에서 TASK 항목을 더블 클릭 합니다. Data 탭으로 이동 후 TASKNAME 항목에 '테스트'라는 샘플데이터 입력 후 하단의 체크 모 양의 버튼(Post Edit) 클릭합니다. 그리고, Commit & Refresh 버튼을 눌러 입력데이터를 반 영하고 창을 닫습니다.

따라하기를 통해 작업관리 앱에서 사용할 데이터베이스를 생성해 보았습니다. 바로 이어지는 작업관리 앱 개발 따라하기에서 해당 데이터베이스를 사용하는 앱을 만들어 보겠습니다.

IBLite 라이선스 파일 등록하기

IBLite는 배포 라이선스가 무료인 데이터베이스입니다. 배포 라이선스는 무료지만 최초 1회 라이선스를 등록하고 라이선스 파일을 다운로드하는 과정이 필요합니다.

1. 배포 라이선스는 데브기어 테크 사이트의 "InterBase 설치 방법 1단계 ~ 3단계"(http://tech.devgear.co.kr/344937)을 참고해 다운로드 받습니다.
2. reg_nnnnnnnn.txt 형태로 다운로드 받은 파일을 reg_iblite.txt로 이름을 변경합니다.
3. reg_iblite.txt 파일을 "C:\Users\Public\Documents\Embarcadero\InterBase\redist\InterBaseXE3"에 복사합니다.

|||||||| **따 라 하 기** ||||||||||||||||||||||||||||||||||||||||||||||||||||||||||||||||||||||||

앞에서 생성한 TASKS.GDB 데이터베이스를 이용하는 작업관리 앱을 개발해 봅니다.

작업 목록을 표시하고, 새로운 작업을 등록하고, 완료 항목은 옆으로 밀어 삭제하는 기능을 구현해 보겠습니다.

01 File > New > Multi-Device Application - Delphi(XE6 이하 버전은 FireMonkey Mobile Application - Delphi) > Blank Application을 클릭합니다.

UI 구성과 컴포넌트 추가

02 스트럭처 뷰와 폼 디자이너 그리고 컴포넌트 표를 참고해 컴포넌트를 추가하고 UI를 만듭니다.

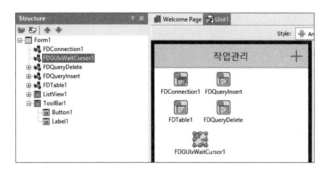

상위 오브젝트	오브젝트	속성	값(또는 설명)
Form1	ToolBar1		
ToolBar1	Label1	Align	Contents
		Text	작업관리
		TextSettings.HorzAlign	Center
	Button1	Align	Right
		StyleLookup	addtoolbutton
Form1	ListView1	Align	Client
		ItemAppearanceObject.ItemObjects.Accessory.Visible	False
	FDConnection1	데이터베이스 속성은 따라하기에서 설정합니다.	데이터베이스 접속
	FDTable1		테이블 데이터
	FDQueryInsert		쿼리 컴포넌트
	FDQueryDelete		쿼리 컴포넌트
	FDGUIxWaitCursor1		UI에서 DB 사용 시 WaitCursor 표시

데이터베이스 연결

앞 단계에서 FD로 시작하는 5개의 DB 엑세스 컴포넌트를 추가했습니다. 각 컴포넌트별로 속성을 설정하겠습니다.

03 FDConnection1의 속성을 설정해 데이터베이스와 연결합니다.

- 연결 설정을 위해 FDConnection1을 더블 클릭하고 아래와 같이 속성 변경 후 OK 버튼을 클릭합니다.

항목	설정값	비고
Driver ID	IB	IBLite 사용
Database	TASKS.GDB	앞에서 만든 파일 선택
User_Name	SYSDBA	또는 직접 입력한 계정
Password	masterkey	또는 직접 입력한 비밀번호
CharacterSet	UTF8	

- LoginPrompt를 False로 설정해 연결 시 로그인 창이 표시되지 않도록 합니다.
- Connected 속성을 True로 설정해 데이터베이스와 연결합니다.

04 FDTable1의 속성을 설정해 데이터를 활성화 합니다. (TFDTable 컴포넌트는 테이블의 데이터를 내부적으로 가지고 있습니다.)

- Connetion 속성은 'Connection1'으로 선택합니다.
- TableName 속성은 데이터베이스 생성 시 만든 'TASK'로 입력합니다.
- Active 속성을 True로 설정해 활성화시킵니다.

05 FDQueryInsert를 새로운 작업추가 쿼리를 수행하도록 속성을 설정합니다.

- FDQueryInsert 컴포넌트를 더블 클릭 후 SQL Command를 입력합니다.

```
insert into task (TaskName) values (:TaskName)
```

06 FDQueryDelete를 작업 삭제 쿼리 수행하도록 속성을 설정합니다.

- FDQueryDelete 컴포넌트를 더블 클릭 후 SQL Command를 입력합니다.

```
delete from task where TaskName = :TaskName
```

UI에 데이터 표시와 데이터 처리

07 앞에서 활성화한 데이터를 화면에 표시해보겠습니다. 라이브바인딩 디자이너(View > LiveBindings Designer)를 열고 아래와 같이 FDTable1의 TASKNAME 항목을 마우스 드래그하여 ListVeiw1의 Item.Text로 연결합니다. (연결이 되고 나면 FDTable1 유닛의 명칭은 아래 그림처럼 BindSourceDB1으로 변경됩니다.)

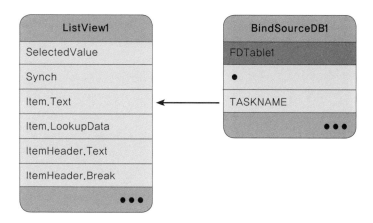

08 아이템 추가 버튼(Button1)을 더블 클릭하여 클릭이벤트 핸들러를 만들고 아래의 코드를 입력합니다.

```
procedure TForm1.Button1Click(Sender: TObject);
var
  TaskName: String;
begin
  try
    InputQuery('새로운 작업 입력', ['작업관리'], [''],
      procedure(const AResult: TModalResult; const AValues: array of string)
      begin
        if AResult = mrOk then
          TaskName := AValues[0]
        else
          TaskName := '';
        if not (TaskName.Trim = '') then
        begin
          FDQueryInsert.ParamByName('TaskName').AsString := TaskName;
          FDQueryInsert.ExecSQL;
          FDTable1.Refresh;
          // 이부분에서 오류발생 시 BindingsList1 컴포넌트를 더블 클릭 후
          // 이름 확인 후 수정하기 바랍니다.
          LinkFillControlToField1.BindList.FillList;
        end;
      end);
  except
    on e: Exception do
    begin
      ShowMessage(e.Message);
    end;
  end;
end;
```

09 작업항목 삭제 기능을 구현하기 위해 리스트(ListView1)를 선택 후 OnDeletingItem 이벤트 핸들러에 아래의 코드를 입력합니다.

```
procedure TForm1.ListView1DeletingItem(Sender: TObject; AIndex: Integer;
  var ACanDelete: Boolean);
var
  TaskName: string;
begin
```

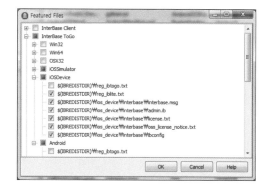

```
TaskName := ListView1.Items[AIndex].Text;
try
  FDQueryDelete.ParamByName('TaskName').AsString := TaskName;
  FDQueryDelete.ExecSQL;
  ACanDelete := True;
  if ListView1.ItemIndex = AIndex then
    ListView1.ItemIndex := 0;
except
  on e: Exception do
  begin
    ShowMessage(e.Message);
  end;
end;
end;
```

배포(데이터베이스와 IBLite 라이브러리)와 배포 경로 설정

10 모바일 앱에서 데이터베이스 사용을 하려면 모바일 디바이스에 데이터베이스 파일과 IBLite 라이브러리, 라이선스를 배포해야 합니다. 파일 배포를 위해 Project > Deployment 메뉴를 통해 Deployment 창을 표시합니다.

11 Add files(▢) 버튼을 누르고, 앞에서 생성한 데이터베이스 파일인 TAKS.GDB를 선택하여 추가하고 플랫폼 별 Remote Path를 아래와 같이 지정합니다.

   iOS Device Platform   : 'StartUp\Documents'
   Android Platform   : 'assets\internal'

12 IBLite와 관련된 기능 파일(라이브러리, 라이선스) 추가를 위해 Add Featured Files(▦) 버튼을 클릭하고 Featured Files 창을 표시합니다.

13 Featured Files 창에 InterBase ToGo 항목 중 iOS Device, Android 두 개의 항목에 대해 reg_ibtogo.txt를 제외(ibtogo는 암호화 기능 등이 추가된 데이터베이스로 이번 예제에서는 사용하지 않습니다.) 하고 나머지 모두를 선택한 후 OK 버튼을 클릭하여 목록에 추가합니다.

14 현재 데이터베이스 파일 경로는 윈도우를 기준으로 설정되어 있습니다. 이 경로를 모바일에 맞게 변경하기 위해 화면으로 돌아와 FDConnection1의 BeforeConnect 이벤트 핸들러를 생성하고 아래의 코드를 입력합니다. (TPath 사용을 위해 System.IOUtils을 구현부 implementation uses 절에 추가합니다.)

```
implementation

uses
  System.IOUtils; // TPath 사용을 위해 추가

{$R *.fmx}

procedure TForm1.FDConnection1BeforeConnect(Sender: TObject);
begin
{$IFNDEF MSWINDOWS}
  FDConnection1.Params.Values['Database'] := TPath.Combine(TPath.
GetDocumentsPath, 'TASKS.GDB');
{$ENDIF}
end;
```

15 이제 완료되었습니다. 프로젝트 매니저에서 타겟 플랫폼을 선택하고, 메인 메뉴의 실행 버튼(Run without Debugging: Shift + Ctrl + F9)을 이용하여 실행합니다.
툴바의 추가(+) 버튼으로 새로운 작업을 입력하고, 목록의 항목을 왼쪽으로 밀어 Delete 버튼을 눌러 삭제하는 기능을 확인해봅니다.

임베디드 데이터베이스인 IBLite를 이용해 새로운 작업을 추가하고 삭제하는 모바일 앱을 만들어 봤습니다. 최소한의 기능만으로 데이터베이스 사용 기능에 집중하여 데이터베이스를 생성하고 생성, 삭제 까지 전반적인 과정을 진행했습니다.

이 장의 마지막의 "실전 - 만들어봅시다 : 사원정보 실전 앱"에서는 1편-기초다지기에서 진행했던 사원정보 프로토타입 앱에 임베디드 데이터베이스를 연결해 실제 데이터를 입력, 수정, 삭제 과정을 모두 진행해봅니다. 다시 한번 따라하며 임베디드 데이터베이스 활용 방법을 확실하게 익혀 보시기 바랍니다.

3. 간단한 정보를 보관할 수 있는 INI 파일 이용하기

앞 절에서 임베디드 데이터베이스 기능을 이용해 데이터를 읽고 쓰는 방법을 배웠습니다. 이번에는 자주 사용되는 간단한 정보를 빠르게 저장하고 읽을 수 있는 INI 파일 사용법을 알아보겠습니다. INI 파일은 텍스트 파일로 구성되기 때문에 별도의 데이터베이스를 만들고 배포하는 번거로운 작업 없이 코드상에서 쉽고 빠르게 사용 할 수 있습니다.

여러분의 앱에서 반복적으로 입력되는 서버 IP나 ID, 설정값 등의 값을 미리 저장하고 다음에 앱이 실행될 때 입력 박스에 저장된 값을 미리 입력해 놓거나 참조한다면 사용자는 매번 번거롭게 입력할 필요가 없으므로 굉장히 편리해집니다.

델파이는 INI 파일 다루는 클래스를 제공하므로 사용법을 알아 두시면 여러가지로 유용하게 사용할 수 있습니다.

INI 파일구조

INI 파일의 구조는 섹션, 이름, 값으로 구분됩니다. 섹션은 데이터를 구분하기 위한 그룹 개념으로 사용되고, 섹션 아래에 이름=값 형태의 구조로 여러 가지 정보를 기록할 수 있습니다.

```
[섹션1]
이름1=값1
이름2=값2
이름3=값3

[ServerInfo]
IP=127.0.0.1
Port=80
```

TIniFile의 주요 메소드 살펴보기

델파이에서는 INI 파일을 제어할 수 있는 TIniFile 클래스를 제공합니다. (뒤의 따라하기를 통해 TIniFile 사용법을 익힐 수 있습니다.)

INI 파일 읽기 메소드

INI파일의 내용을 읽기 위한 메소드는 아래와 같이 값을 읽는 메소드와 섹션을 읽는 메소드로 구분됩니다.

```
// 값을 읽는 메소드
function ReadString(const Section, Ident, Default: string): string;
function ReadInteger(const Section, Ident: string; Default: Longint): Longint;
function ReadFloat(const Section, Name: string; Default: Double): Double;
function ReadBool(const Section, Ident: string; Default: Boolean): Boolean;
function ReadBinaryStream(const Section, Name: string; Value: TStream): Integer;
function ReadDateTime(const Section, Name: string; Default: TDateTime):
TDateTime;
function ReadDate(const Section, Name: string; Default: TDateTime): TDateTime;
function ReadTime(const Section, Name: string; Default: TDateTime): TDateTime;

// 섹션 정보를 읽는 메소드
procedure ReadSections(Strings: TStrings); override;
procedure ReadSection(const Section: string; Strings: TStrings); override;
procedure ReadSectionValues(const Section: string; Strings: TStrings); override;
```

값을 읽는 메소드는 데이터 타입 별로 구성되어 있으며, 공통적인 인자로 섹션(Section), 항목 (Indent, Name), 기본값(Default)으로 값을 읽어올 수 있습니다. 섹션의 항목이 있으면 항목의 값을 없으면 기본값을 반환합니다.

섹션을 읽는 메소드는 섹션목록을 가져오고, 항목목록을 가져오고 항목의 이름과 값을 가져올 수 있어 그룹형태의 데이터를 저장하고 읽을 때 사용할 수 있습니다.

INI 파일 쓰기용 메소드

INI 파일에 정보를 기록하기 위해서는 읽기와 마찬가지로 데이터 타입 별로 값을 쓰는 메소드가 제공됩니다.

섹션과 이름, 값을 모두 전달하면 해당 섹션의 이름 항목이 있을 경우 값을 수정하고 없을 경우 값을 추가합니다.

삭제를 위한 메소드는 섹션의 모든 정보를 지우는 EraseSection과 지정 항목을 지우는 DeleteKey 메소드가 제공됩니다.

```
// 값을 기록하는 메소드
procedure WriteString(const Section, Ident, Value: String);
procedure WriteInteger(const Section, Ident: string; Value: Longint);
procedure WriteFloat(const Section, Name: string; Value: Double);
procedure WriteBool(const Section, Ident: string; Value: Boolean);
procedure WriteBinaryStream(const Section, Name: string; Value: TStream);
procedure WriteDateTime(const Section, Name: string; Value: TDateTime);
procedure WriteDate(const Section, Name: string; Value: TDateTime);
procedure WriteTime(const Section, Name: string; Value: TDateTime);

// 삭제를 위한 메소드
procedure EraseSection(const Section: string);
procedure DeleteKey(const Section, Ident: String);
```

|||||||| **따 라 하 기** ||||||||||||||||||||||||||||||||||||||||||||||||||||||||||||||||||||||

환경 설정 화면에서 INI 파일을 이용해 값을 저장하고, 로딩 시 읽어오는 앱을 만들어 봅니다.

01 File > New > Multi-Device Application을 실행하고 Blank Application으로 프로젝트를 시작 합니다.

02 폼 디자이너에 아래와 같이 컴포넌트를 추가하고 속성을 변경합니다.

환경설정 UI 구성

03 폼 디자이너에 아래와 같이 컴포넌트를 추가하고 속성을 변경합니다.

상위 오브젝트	오브젝트	속성	값(또는 설명)
Form1	ToolBar1		
ToolBar1	Label1	Align	Contents
		Text	Inifile Demo
		TextSettings.HorzAlign	Center
	Button1	Align	Right
		Text	저장
Form1	ListBox1	Align	Client
		GrouppingKind	Grouped
		StyleLookup	Transparentlistboxstyle

04 ListBox를 우측 마우스 클릭 후 나타나는 팝업 메뉴 중 Items Editor 메뉴를 선택하여 다음과 같이 Item을 추가합니다.

05 아래 그림을 참고해 ListBoxItem의 Text 속성을 조정하고 Edit와 Switch(자동접속) 컴포넌트를 ListBoxItem 자식으로 추가합니다. (추가한 TEdit, TSwitch의 **Align** 속성을 **Right**로 설정해 오른쪽에 정렬하고, **Margin.Right**의 값을 '5'로 설정해 우측 여백을 줍니다.)

06 (선택사항) Edit를 선택할때 알맞은 Keyboard를 표시하기 위해 **KeyboardType**을 이름 항목부터 각각 **Default, NumberPad, EmailAddress, NumbersAndPunctuation, NumberPad**로 설정합니다.

INI 기능 구현

07 상단의 interface uses 절에 IniFile 사용을 위한 System.IniFiles 유닛을 추가합니다.

08 Form1의 OnShow, Button1의 OnClick 이벤트핸들러를 만들고 아래 코드를 참고해 INI 파일을 읽고, 쓰는 내용을 구현합니다. 숫자 타입(나이, 포트번호)은 Integer 타입으로 자동접속 여부는 Boolean 타입으로 처리합니다.

```
uses
  System.IOUtils, System.IniFiles; // TPath 사용을 위해 추가

procedure TForm1.FormShow(Sender: TObject);
var
  Path: string;
  IniFile: TIniFile;
begin
  // 설정(INI) 파일을 읽어 에디트와 스위치를 조정합니다.
  Path := TPath.Combine(TPath.GetDocumentsPath, 'Env.ini');
  IniFile := TIniFile.Create(Path);
  try
    Edit1.Text := IniFile.ReadString('UserInfo', 'Name', '');
    Edit2.Text := IniFile.ReadInteger('UserInfo', 'Age', 0).ToString;
    Edit3.Text := IniFile.ReadString('UserInfo', 'Email', '');
```

```
    Edit4.Text := IniFile.ReadString('ServerInfo', 'IP', '');
    Edit5.Text := IniFile.ReadInteger('ServerInfo', 'Port', 0).ToString;
    Switch1.IsChecked := IniFile.ReadBool('ServerInfo', 'AutoConnect', False);
  finally
    IniFile.Free;
  end;
end;

procedure TForm1.Button1Click(Sender: TObject);
var
  Path: string;
  IniFile: TIniFile;
begin
  // 에디터와 스위치의 값을 설정(INI) 파일에 저장합니다.
  Path := TPath.Combine(TPath.GetDocumentsPath, 'Env.ini');
  IniFile := TIniFile.Create(Path);
  try
    IniFile.WriteString('UserInfo', 'Name', Edit1.Text);
    IniFile.WriteInteger('UserInfo', 'Age', StrToIntDef(Edit2.Text, 0));
    IniFile.WriteString('UserInfo', 'Email', Edit3.Text);
    IniFile.WriteString('ServerInfo', 'IP', Edit4.Text);
    IniFile.WriteInteger('ServerInfo', 'Port', StrToIntDef(Edit5.Text, 0));
    IniFile.WriteBool('ServerInfo', 'AutoConnect', Switch1.IsChecked);
  finally
    IniFile.Free;
  end;
end;
```

결과 확인

09 구현이 완료되었다면 이제 앱을 실행하고 컨트롤에 값을 입력한 후 저장 버튼을 클릭합니다. 앱을 종료하고 다시 실행해 보시기 바랍니다. 이전에 입력했던 값이 컨트롤에 표시되는지 확인합니다. (주의, 앱을 다시 배포할 때 INI 파일이 초기화될 수 있습니다.)

앞의 예제에서는 임의의 정보를 INI 파일에 기록하고 화면에 표시하는 예제로 구성하였지만 여러분의 앱에서 사용자가 반복적으로 사용하는 IP주소, 아이디, 이메일 등의 정보를 설정 파일로 저장하고 미리 제공하여 더 좋은 사용자 경험(UX)을 제공해보시기 바랍니다.

실습

만들어봅시다 : 사원정보 실전 앱

이번 실습에서는 "한 번에 개발하는 안드로이드/iOS 앱 with 델파이 -1편
기초다지기.Part1"에서 실습했던 "사원정보 프로토타입 앱"을 이용하여
데이터베이스를 활용하는 사원정보 앱으로 만들어 보겠습니다.

사원정보 데이터베이스를 생성하고, 샘플 데이터로 표시했던 UI에 실제 입력한 데이터를 표시하고, 입력하는 과정을 익힐 수 있습니다.

따라하기

사원정보 프로토타입 앱에 다음 순서로 기능을 추가하며 사원정보 앱을 완성해 나갑니다.

- 사원정보 데이터베이스 생성하기
- 데이터 연동에 필요한 UI 보강과 카메라 기능 추가하기
- 데이터 연결 컴포넌트로 데이터베이스와 연결하기
- 화면의 컨트롤(UI)과 데이터베이스 연결하기(데이터 표시하기)
- 데이터 처리(입력, 수정, 삭제) 로직을 구현하고 UI 요소와 연결
- 앱과 함께 데이터베이스와 라이브러리 배포 등록하기

이번 따라하기를 통해 아래의 기술을 배울 수 있습니다.

- IBLite 임베디드 데이터베이스 생성하기
- 임베디드 데이터베이스의 조회, 추가, 수정, 삭제(흔히 말하는 CRUD) 과정
- 사진 촬영(또는 앨범에서 선택)한 이미지 데이터를 데이터베이스에 저장하기
- 데이터베이스 파일과 인터베이스 라이브러리 배포하기

Tip

서브버전(버전관리 툴)의 소스 코드를 다운받아 사용하기

이번 실습에서는 1편-기초다지기의 사원정보 프로토타입 앱 프로젝트에 이어서 진행합니다. 따라하기를 진행하지 않은 분들은 Github에서 제공하는 서브버전 인터페이스(방식)로 델파이 IDE에서 쉽게 소스코드를 다운받을 수 있습니다

❶ 웹브라우저에서 해당 도서 소스 코드 저장소 페이지를 방문합니다.
  − https://github.com/devgear/delphi_fmxbook

❷ 오른쪽 하단의 Subversion 항목을 누르고 주소를 복사합니다.

https://github.com/devgear/delphi_fmxbook

❸ 델파이에서 File 〉 Open From Version Control.. 메뉴를 클릭하고 Version Control System 창에서 Subversion을 선택하고 OK 버튼을 클릭합니다.

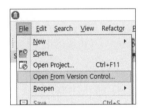

❹ URL of Repository에는 2단계에서 복사한 주소를 입력하고, Destination에는 저장 할 컴퓨터 경로를 지정합니다.

❺ OK 버튼을 누르면 다운로드가 진행되는 과정이 표시되고 완료 후 프로젝트 목록이 표시됩니다.

❻ 따라하기는 다운로드 경로 하위의 "trunk\1권\Part1 예제(시작하기)\실습-사원정보프로토타입앱\Project_Prototype.dpr"을 기준으로 진행합니다.

안드로이드폰 결과화면

아이폰 결과화면

프로젝트 열기

01 메인 메뉴에서 File > Open Project 메뉴를 클릭합니다.

02 "1편 기초다지기-Part1"에서 실습했던 "사원정보 프로토타입 앱"의 프로젝트 파일(*.dpr 또는 *.dproj)을 오픈합니다. (프로젝트가 없으면 따라하기 앞쪽의 "[팁] 서브버전(버전관리 툴)의 소스코드를 다운받아 사용하기"를 참고해 다운로드 받습니다.)

데이터베이스 생성

사원관리 앱에서 사용할 IBLite 데이터베이스를 생성합니다.

03 IBConsole 실행(윈도우 Start > Embarcadero InterBase XE3 > 64-bit instance = gds_db > IBConsole : 사용자 환경에 따라 다를 수 있습니다.)

04 데이터베이스 생성을 위해 좌측 트리 메뉴에서 Database를 마우스 오른쪽을 클릭하여 Create Database… 메뉴를 선택합니다.

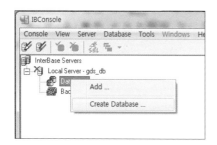

05 데이터베이스 파일을 저장할 경로와 옵션을 설정 후 OK 버튼을 클릭하여 데이터베이스를 생성합니다.

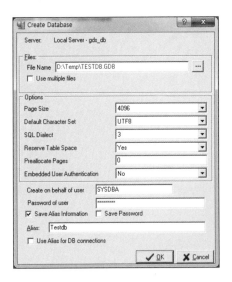

- File Name: 'D:\Temp\EMPLOYEE.gdb'(원하는 경로에 확장자를 gdb로 지정합니다.)
- Default Character Set: UTF8(한글 입력을 위해 UTF8로 지정)
- Create on behalf of user : 'SYSDBA'(계정)
- Password of user : 'masterkey'(비밀번호)
  (계정과 비밀번호를 다르게 설정할 수 있습니다.)

06 Database Connect 창아 표시되면, 위에서 입력한 계정을 입력하고 Connect 버튼을 클릭하여 접속합니다. (한글 처리를 위해 Display Character Set은 UTF8로 선택합니다.)

07 메인 메뉴 중 Tool > Interactive SQL 메뉴를 선택해 쿼리 입력 창을 표시합니다.
(생성 쿼리를 이용해 테이블과 트리거를 생성할 수 있습니다.)

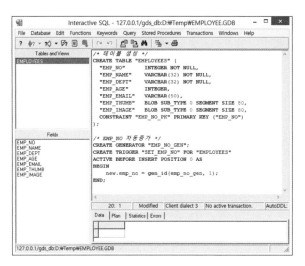

08 아래의 SQL문을 입력하고 실행(F5)하여 테이블을 생성하겠습니다.

```
    /* 테이블 생성 */
CREATE TABLE "EMPLOYEES" (
   "EMP_NO"        INTEGER NOT NULL,
   "EMP_NAME"      VARCHAR(32) NOT NULL,
   "EMP_DEPT"      VARCHAR(32) NOT NULL,
   "EMP_AGE"       INTEGER,
   "EMP_EMAIL"     VARCHAR(50),
   "EMP_THUMB"     BLOB SUB_TYPE 0 SEGMENT SIZE 80,
   "EMP_IMAGE"     BLOB SUB_TYPE 0 SEGMENT SIZE 80,
  CONSTRAINT "EMP_NO_PK" PRIMARY KEY ("EMP_NO")
);

/* EMP_NO 자동증가 */
CREATE GENERATOR "EMP_NO_GEN";
CREATE TRIGGER "SET_EMP_NO" FOR "EMPLOYEES"
ACTIVE BEFORE INSERT POSITION 0 AS
BEGIN
    new.emp_no = gen_id(emp_no_gen, 1);
END;
```

09 앱에서 조회하기 위한 테스트 데이터를 아래와 같이 입력 후 실행(F5) 및 적용(F9: Commit Work)합니다.

```
INSERT INTO EMPLOYEES(EMP_NAME, EMP_DEPT, EMP_AGE) VALUES('이순신', '총무부', 53);
INSERT INTO EMPLOYEES(EMP_NAME, EMP_DEPT, EMP_AGE) VALUES('유관순', '인사부', 18);
INSERT INTO EMPLOYEES(EMP_NAME, EMP_DEPT, EMP_AGE) VALUES('홍길동', '개발부', 33);
```

10 테이블 생성과 데이터 입력이 잘 되었는지 확인하기 위해 'SELECT * FROM EMPLOYEES' 를 입력한 후 실행(F5)하여 목록이 잘 나오는지 확인합니다.

데이터 입력, 수정, 삭제, 사진기능 추가를 위해 UI 보강하기

11 사원목록 화면의 툴바에 추가 버튼을 보강합니다.

상위 오브젝트	오브젝트	속성	값(또는 설명)
MasterToolbar	btnAdd (TButton)	Align	Right
		Name	btnAdd
		StyleLookup	addtoolbutton

12 사원목록 화면의 목록(ListView1)을 사진, 내용, 상세내용 3가지 항목을 표시하기 위해 ItemAppearance.ItemAppearance 항목을 ImageListItemBottomDetail로 변경합니다.

13 사원정보 화면의 툴바에 저장 버튼을 보강합니다.

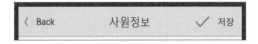

상위 오브젝트	오브젝트	속성	값(또는 설명)
DetailToolbar	btnSave (TButton)	Align	Right
		Name	btnSave
		StyleLookup	donetoolbutton
		Text	저장

14 상세 정보를 수정할 수 있도록 하기 위해 기존의 Label(4개 항목)을 삭제하고, 아래의 화면과 같이 보강합니다. (위치는 화면과 같이 적당히 조정합니다.)

상위 오브젝트	오브젝트	속성	값(또는 설명)
TabItem2	edtName (TEdit)	StyleLookup	editstyle
		TextPrompt	이름
	edtDept (TEdit)	StyleLookup	editstyle
		TextPrompt	부서
ListBoxItem1	edtAge (TEdit)	Align	Right
		TextSettings.HorzAlign	Trailing
		Width	100
	edtEmail (TEdit)	Align	Right
		TextSettings.HorzAlign	Trailing
		Width	200
TabItem2	Button1	StyleLookup	cameratoolbutton
	Button2	StyleLookup	organizetoolbutton
	Button3	StyleLookup	trashtoolbutton
	btnDelete (TButton)	Anchors	[akLeft, akTop, akRight]
		StyleLookup	listitemdeletebutton
		Text	사원정보 삭제

사진(카메라 찍기, 앨범 불러오기) 기능 구현하기

모바일의 카메라와 앨범을 이용해 사진 데이터를 연동하도록 합니다. 카메라와 앨범을 이용하기 위해서 Standard Action을 이용합니다.

15 ActionList1을 더블 클릭해 액션리스트 목록 창을 표시합니다. New Action 버튼 옆의 삼각형을 클릭하고 New Standad Action을 선택 후 카메라와 앨범사진 불러오기가 구현된 표준 액션을 추가합니다.

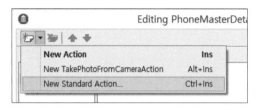

  a. 카메라 액션(Media Library 〉 TTakePhotoFromCameraAction) 선택 후 추가
  b. 앨범 액션(Media Library 〉 TTakePhotoFromLibraryAction) 선택 후 추가

16 카메라액션(TakePhotoFromCameraAction1)과 사진 앨범 로드 액션(TakePhotoFromLibraryAction1)의 OnDidFinishTaking 이벤트핸들러를 생성하고 다음 코드를 추가합니다.

```
procedure TPhoneMasterDetail.TakePhotoFromCameraAction1DidFinishTaking(
  Image: TBitmap);
begin
  imgContact.Bitmap.Assign(Image);
end;

procedure TPhoneMasterDetail.TakePhotoFromLibraryAction1DidFinishTaking(
  Image: TBitmap);
begin
  imgContact.Bitmap.Assign(Image);
end;
```

17 사진촬영 버튼의 Action 항목을 TakePhotoFromCameraAction1으로 설정

18 사진앨범 버튼의 Action 항목을 TakePhotoFromLibraryAction1으로 설정

19 사진 삭제 버튼은 클릭 이벤트에 아래의 코드를 입력합니다.

```
procedure TPhoneMasterDetail.Button3Click(Sender: TObject);
begin
  imgContact.Bitmap.Clear(TAlphaColorRec.Null);
end;
```

데이터 연결 컴포넌트 추가와 설정하기

폼위에 UI 컴포넌트와 데이터 컴포넌트를 모두 올리면 기능이 추가될 수록 복잡해 집니다.
데이터 모듈은 이와 같이 화면과 데이터 컴포넌트를 분리해 구현(코딩)할 수 있도록 해주는 기능입니다. 데이터 컴포넌트와 같이 눈에 보이지 않는 컴포넌트(Non-visual 컴포넌트라고 합니다.)를 폼과 별도로 올려서 데이터 처리 기능을 폼과 분리할 수 있습니다. 이번 실습에서도 데이터모듈을 이용해 폼과 데이터 처리 기능을 분리해 개발하겠습니다.

20 메인 메뉴에서 File > New > Other 메뉴를 클릭합니다. New Items 창에서 Delphi Files 항목을 선택하고 Data Module을 선택 후 OK 버튼을 클릭해 데이터 모듈을 추가합니다. File > Save(Ctrl + S) 메뉴를 클릭해 'EmployeeDM.pas'로 저장합니다.

21 데이터 모듈에 아래의 컴포넌트를 추가합니다.

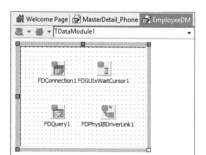

· FDConnection – 데이터베이스(IBLite) 연결 컴포넌트
· FDQuery – 쿼리 수행 컴포넌트
· FDPhysIBDriverLink – 인터베이스(IB) 드라이브 링크
· FDGUIxWaitCursor – 데이터베이스 작업 시 Wait Cursor(모래 시계)를 표시

22 FDConnection1의 속성을 설정해 데이터베이스와 연결합니다.

- 연결 설정을 위해 **FDConnection1**을 더블 클릭 후 아래의 속성을 변경 후 Test 버튼으로 연결을 테스트합니다. 연결이 성공(아래 메시지와 같이 나오면 성공)되면 OK 버튼을 클릭합니다.

- Drive ID : IB(IBLite를 사용할 경우 IB로 선택)
- Database : 앞에서 만든 'EMPLOYEE.GDB'파일을 선택합니다.
- User_Name : 'SYSDBA'(또는 직접 입력한 계정)
- Password : 'masterkey'(또는 직접 입력한 비밀번호)
- CharacterSet : UTF8

- LoginPrompt를 False로 설정해 연결 시 로그인창이 표시되지 않도록 합니다.
- Connected 속성을 True로 설정해 데이터베이스와 연결합니다.

23 사원정보 조회하기 위해 FDQuery의 속성을 아래와 같이 설정합니다.

- 폼 위의 **FDQuery**을 더블 클릭 후 SQL Command에 다음 쿼리문을 입력합니다.

```
SELECT * FROM EMPLOYEES
```

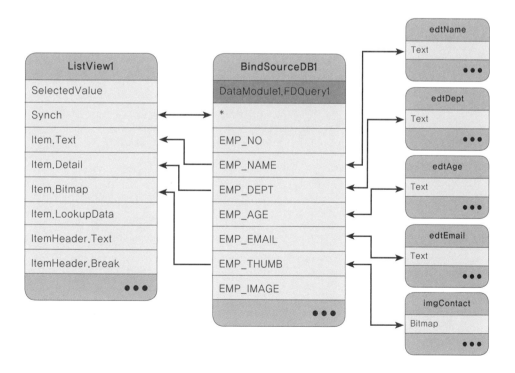

- FDQuery를 활성화 하기 위해 Active 속성을 True로 변경합니다.
- FDQuery의 변경을 캐쉬로 처리하기 위해 CachedUpdates를 True로 변경합니다. (CachedUpdates를 설정한 경우 데이터베이스에 변경 내용을 즉시 적용하지 않고 캐쉬에 변경내역을 기록하고 ApplyUpdates 메소드 호출 시 캐쉬의 내용을 데이터베이스에 명시적으로 적용합니다.)

화면요소와 데이터를 연결하기

샘플데이터로 사용한 PrototypeBindSource를 실제 데이터가 담긴 FDQuery로 변경합니다.

24 폼에서 PrototypBindSource1을 선택 후 Delete 키를 눌러 삭제합니다. (화면에 표시되는 데이터가 사라집니다.)

25 폼에서 데이터모듈의 FDQuery 사용하기 위해 File > Use unit 메뉴를 선택하고 'EmployeeDM.pas'를 선택합니다. (Implementation를 선택합니다.)

26 데이터와 UI 연결을 위해 폼에서 Live Bindings Designer 화면을 표시(View > Live Bindings)하고 아래와 같이 연결합니다.

사원정보 데이터 처리 기능 추가하기

사원정보 추가, 저장, 삭제 기능을 추가합니다. 실제 데이터베이스에 처리하는 내용은 데이터 모듈에 구현합니다. 이후 폼에서 버튼을 클릭할 때 데이터 모듈에 구현된 기능을 호출하도록 구현하겠습니다.

27 데이터 모듈에서 상단 선언부의 Public 영역에 데이터 추가, 저장, 취소, 삭제 메소드를 선언(코딩)합니다. (팁: public 영역에 추가해야만 다른 클래스(Form1)에서 사용할 수 있습니다. private에 선언하면 데이터 모듈에서만 사용(호출)할 수 있습니다.)

```
public
  { Public declarations }
  procedure NewData;
  procedure SaveData(AImage, AThumbnail: TStream);
  procedure CancelData;
  procedure DeleteData;
end;
```

28 선언부에 4개 메소드 추가 후 Shift + Ctrl + C 단축키를 누르면 자동으로 구현부에 함수 구조가 추가됩니다. 아래 코드를 참고해 구현부 내용을 구현합니다.

```
procedure TDataModule1.NewData;
begin
  FDQuery1.Append;
end;

procedure TDataModule1.SaveData(AImage, AThumbnail: TStream);
begin
  if FDQuery1.UpdateStatus = TUpdateStatus.usUnmodified then
    FDQuery1.Edit;


  // EMP_NO은 자동생성되지만 값이없으면 적용(FDQUery1.Post)시 오류발생 해 0으로 설정
  if FDQuery1.UpdateStatus = TUpdateStatus.usInserted then
    FDQuery1.FieldByName('EMP_NO').AsInteger := 0;

  // 이미지 스트림 적용
  (FDQuery1.FieldByName('EMP_IMAGE') as TBlobField).LoadFromStream(AImage);
  (FDQuery1.FieldByName('EMP_THUMB') as TBlobField).LoadFromStream(AThumbnail);
  FDQuery1.Post;
```

```
    FDQuery1.ApplyUpdates(0);
    FDQuery1.CommitUpdates;
    FDQuery1.Refresh;
end;


procedure TDataModule1.DeleteData;
begin
    // 추가 중(입력되지 않음)인 경우 취소
    if FDQuery1.UpdateStatus = TUpdateStatus.usInserted then
    begin
      FDQuery1.Cancel;
    end
    else if FDQuery1.UpdateStatus = TUpdateStatus.usUnmodified then
    begin
      FDQuery1.Delete;
      FDQuery1.ApplyUpdates(0);
      FDQuery1.CommitUpdates;
      FDQuery1.Refresh;
    end;
end;


procedure TDataModule1.CancelData;
begin
    if FDQuery1.UpdateStatus = TUpdateStatus.usInserted then
      FDQuery1.Cancel;
end;
```

화면에서 데이터 모듈에 구현된 기능 사용하도록 코드 추가하기

29 사원목록 추가 버튼(btnAdd)의 클릭 이벤트에 아래와 같이 구현합니다.

```
procedure TPhoneMasterDetail.btnAddClick(Sender: TObject);
begin
  DataModule1.NewData;

  ChangeTabAction1.Tab := TabItem2;
  ChangeTabAction1.ExecuteTarget(Self);
end;
```

30 사원정보 저장 버튼(btnSave)의 클릭 이벤트에 아래와 같이 구현합니다.

```delphi
// 원본이미지와 썸네일 이미지를 스트림으로 변환해 저장
procedure TPhoneMasterDetail.btnSaveClick(Sender: TObject);
var
  Thumbnail: TBitmap;
  ImgStream, ThumbStream: TMemoryStream;
begin
  ImgStream := TMemoryStream.Create;
  ThumbStream := TMemoryStream.Create;
  try
    imgContact.Bitmap.SaveToStream(ImgStream);
    Thumbnail := imgContact.Bitmap.CreateThumbnail(100, 100);
    Thumbnail.SaveToStream(ThumbStream);
    DataModule1.SaveData(ImgStream, ThumbStream);

    ChangeTabAction1.Tab := TabItem1;
    ChangeTabAction1.ExecuteTarget(Self);
  finally
    ImgStream.Free;
    ThumbStream.Free;
  end;
end;
```

31 사원정보 삭제 버튼(btnDelete)의 클릭 이벤트에 아래와 같이 구현합니다.

```delphi
procedure TPhoneMasterDetail.btnDeleteClick(Sender: TObject);
begin
  DataModule1.DeleteData;

  ChangeTabAction1.Tab := TabItem1;
  ChangeTabAction1.ExecuteTarget(Self);
end;
```

32 사원정보의 Back버튼(BackButton)의 클릭 이벤트에 아래와 같이 구현합니다.

```
procedure TPhoneMasterDetail.BackButtonClick(Sender: TObject);
begin
  DataModule1.CancelData;

  ChangeTabAction1.Tab := TabItem1;
  ChangeTabAction1.ExecuteTarget(Self);
end;
```

데이터베이스 파일과 기능파일 배포 추가

33 파일 배포를 위해 Project > Deployment 메뉴를 통해 Deployment 창을 표시합니다.

34 Add files(□) 버튼을 누르고, 앞에서 생성한 데이터베이스 파일인 EMPLOYEE.GDB를 선택하여 추가하고 플랫폼 별 Remote Path를 아래와 같이 지정합니다.

· iOS Device Platform　　　: 'Startup\Documents\'
· Android Platform　　　　: 'assets\internal\'

35 IBLite와 관련된 기능 파일(라이브러리, 라이선스) 추가를 위해 Add Featured Files(▦) 버튼을 클릭하고 Featured Files 윈도우를 표시합니다.

36 Featured Files 윈도우에 InterBase ToGo 항목 중 iOS Device, Android 두 개의 항목에 대해 reg_ibtogo.txt를 제외하고 나머지 모두를 선택한 후 OK 버튼을 클릭하여 목록에 추가합니다.

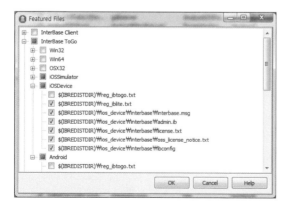

37 앞에서 개발 시 FDConnection1의 Database 값을 윈도우 기준(D:₩Temp₩EMPLOYEE. GDB)으로 입력했습니다. 데이터베이스 연결 전에 데이터 베이스 경로를 모바일 환경에 맞게 적용하기 위해 데이터모듈의 **FDConnection1**의 **BeforeConnect** 이벤트에 다음의 데이터베이스 파일 경로를 변경하는 코드를 추가합니다. (MSWINDOWS 즉 윈도우가 아닌 (IFNDEF) 경우만 코드가 실행됩니다.)

```
Implementation

uses
    System.IOUtils; // TPath 사용을 위해 추가

{$R *.dfm}

procedure TDataModule1.FDConnection1BeforeConnect(Sender: TObject);
begin
{$IFNDEF MSWINDOWS}
    FDConnection1.Params.Values['Database'] := TPath.Combine(TPath.
GetDocumentsPath, 'EMPLOYEE.GDB');
{$ENDIF}
end;
```

결과 확인

38 구현이 완료되었습니다. 앱을 실행한 후 목록을 선택 후 정보를 수정하고 사진을 변경하는 작업을 확인하시기 바랍니다.

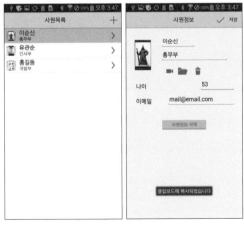

안드로이드폰 결과화면

아이폰 결과화면

이번 따라하기에서는 사원정보 관리 앱을 만들며 데이터베이스를 생성하고 사용하는 전반적인 내용을 진행했습니다. 이번 내용을 토대로 필요한 데이터베이스를 생성할 수 있고, 원하는 화면과 연결할 수 있습니다. 이제 여러분이 필요한 데이터를 이용해 입력, 조회, 수정, 삭제하는 앱을 만들수 있습니다.

3장

데이터스냅(DataSnap)으로
멀티-티어 데이터베이스 앱 만들기

데이터스냅은 멀티-티어 데이터베이스 애플리케이션 개발을 가능하게 해주는
델파이 기술입니다. 이 장에서는 데이터스냅을 이용하여 모바일 앱에서
원격 엔터프라이즈 DBMS의 데이터를 활용하는 방법을 알아봅니다.

PC용 애플리케이션을 만들어 봤던 분들은 모바일 앱개발에 있어서도 "앱에서 그냥 DBMS에 접속해서 개발하면 되겠지?"라고 생각할 수도 있습니다. 특히 웹 기반 어플리케이션이 아닌 C/S 기반 애플리케이션만을 개발했다면 더욱 그렇게 생각할 것입니다. 하지만 그것은 잘못된 생각입니다. 모바일 기기는 이동이 잦기 때문에 수시로 네트워크가 끊어질 수 있고, 낮은 대역폭을 이용해 데이터를 주고 받아야 합니다. 그래서 이전의 PC 환경과 같이 네트워크 연결이 보장되고 전송 속도가 높은 환경의 앱처럼 개발하면 빈번하게 연결이 끊어져 트랜잭션에 오류가 생기고, 많은 데이터를 받아 화면에 표시하는 속도가 늦어 답답한 앱이 될 수 밖에 없습니다.

이런 네트워크 끊어짐과 낮은 전송 속도 등의 모바일 환경에 알맞은 방법 중 하나가 모바일과 DBMS 사이에 미들웨어 서버를 두고, 멀티-티어로 구성하는 것입니다.

이 장에서는 간단하게 멀티-티어와 미들웨어에 대해 이해하고, 데이터스냅이 필요한 환경에 대해 알아보겠습니다. 이후 실습에서 데이터스냅을 이용한 멀티-티어 환경을 직접 구성해 보겠습니다.

1. 멀티-티어와 미들웨어 이해하기

모바일 환경은 미들웨어를 사용하는 것이 보편적입니다. 안전하지 않은 연결을 이용하는 모바일과 안정적인 연결이 필요한 DBMS 사이에 미들웨어 서버를 추가해 구성하면 DBMS와 안정적인 연결이 가능하고 모바일의 재접속 처리를 담당해 작업의 연속성(트랜잭션)을 보장할 수 있습

니다. 그리고 낮은 대역폭을 이용하는 모바일 앱에서 빠르게 데이터를 받을 수 있도록 DBMS의 많은 데이터 중 모바일에서 필요한 최소한의 데이터로 가공해서 작고 빠르게 제공하는 방식을 구성한다면 안정적이고 빠른 모바일 서비스가 가능할 것입니다.

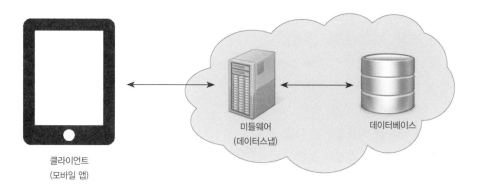

이러한 모바일앱 - 미들웨어 - DBMS와 같은 다층 구조로 구성하는 것을 멀티-티어라고 합니다.

 Tip

멀티-티어(다층 구조)

다층 구조(Multi-tier Architecture 또는 n-tier Architecture)는 비즈니스 로직을 완전히 분리하여 데이터베이스 시스템과 클라이언트의 사이에 배치한 클라이언트 서버 시스템의 일종이다. 예를 들어 사용자와 데이터베이스간의 데이터 요구 서비스에 미들웨어를 이용하는 것을 들 수 있다. 일반적으로는 3-Tier 구조가 널리 쓰인다.

– 위키피디아(http://ko.wikipedia.org/wiki/다층_구조) 참고

2-Tier와 멀티-Tier의 장단점에 대해서는 별도로 언급하지 않겠습니다. 왜냐하면 이미 수 십년 전부터 폭넓게 적용되어 왔으며 대부분의 개발자들은 이미 잘 알고 있기 때문입니다. 중요한 것은 개발하고자 하는 앱의 용도 및 환경에 맞는 구조를 선택해야 한다는 것입니다. 일반적으로 모바일 환경에서는 데이터를 로컬의 INI 파일이나 임베디드 DBMS에 저장하는 것이 아니라면 멀티-Tier의 구조를 사용하는 것이 유리합니다.

데이터스냅 기술은 델파이가 제공하는 멀티-티어 개발 기술로써 미들웨어를 개발할 수 있는 데이터스냅 서버 기술과 클라이언트(모바일 앱)에서 미들웨어(데이터스냅 서버)에 접속할 수 있는 데이터스냅 클라이언트 기술을 제공합니다.

2. 데이터스냅으로 미들웨어 구성하기 전 확인 사항

여러분들은 델파이의 데이터스냅 기술을 이용하여 미들웨어 서버를 만들고, 모바일 앱에 데이터스냅 클라이언트 기술을 적용하여 엔터프라이즈 DBMS에 접속하고 연동할 수 있습니다.
우선, 데이터스냅으로 멀티-티어 환경을 구성하기 전에 여러분의 시스템이 데이터스냅이 필요한 환경인지 검토할 필요가 있습니다.
만약, 여러분의 시스템에 다음과 같은 미들웨어 환경이 이미 있다면, 굳이 새로운 미들웨어를 추가할 것 없이 해당 환경을 활용하시기 바랍니다.

웹서비스(웹서버)를 미들웨어로 사용

웹 기반으로 서비스를 운영하고 있거나, 웹서비스 개발 중인 경우 웹서비스를 미들웨어로 사용할 수 있습니다. 델파이는 웹서비스와 연동할 수 있는 기술(REST 클라이언트 라이브러리, 인디 컴포넌트)과 웹의 대표적인 프로토콜인 JSON과 XML을 분석할 수 있는 분석기(parser)를 이미 제공하고 있습니다. 여러분의 웹서비스에 JSON, XML로 모바일에서 필요한 정보를 제공하도록 인터페이스를 보강한다면 웹서비스를 미들웨어로 사용하고 모바일 앱과 연동할 수 있습니다. (웹서비스와 JSON, XML 프로토콜을 이용해 모바일 앱에서 연동하는 내용은 이 장 이후에서 학습할 수 있습니다.)

상용 WAS를 미들웨어로 사용

상용 WAS(Web Application Server)를 미들웨어로 사용한다면, WAS에서 제공하는 모바일 라이브러리를 이용해 상용 WAS를 미들웨어로 사용해 모바일에서 접속할 수 있습니다. (WAS에서 제공하는 모바일 라이브러리를 확인하시기 바랍니다.) 또는 상용 WAS에서 JSON, XML 인터페이스를 제공할 수 있다면 델파이 모바일 앱에서 상용 WAS로도 접속할 수 있어 미들웨어를 별도로 구성하지 않고 현재 가지고 있는 WAS를 통해 모바일에서 엔터프라이즈 DBMS에 연동할 수 있습니다.

앞에서 소개한 미들웨어 환경이 없고, 기존 시스템이 2-티어 환경으로 이미 개발되어 있다면 손쉽게 데이터스냅을 이용해 멀티-티어 환경을 구성하고 모바일 앱에서 연결할 수 있습니다.

3. 데이터스냅의 특징 살펴보기

데이터 스냅은 미들웨어 서버를 개발할 수 있는 데이터스냅 서버 기술과 서버에 접속하고 연동할 수 있는 데이터스냅 클라이언트 모듈 기술을 제공합니다.
데이터스냅 기술에서 서버와 클라이언트(모바일 앱)간 데이터를 공유하는 대표 방식은 2가지입니다.

① 서버 메소드: 서버 메소드는 데이터스냅 서버에서 만든 메소드를 클라이언트(모바일)에서 원격으로 호출하고 결과를 받는 기능입니다. 원하는 데이터를 전달하고 응답 받을 수 있습니다. 클라이언트에서의 장점은 서버 메소드를 호출하는 인터페이스 클래스를 자동으로 만들어주기 때문에 개발자가 별도로 인터페이스를 만드는 작업이 필요하지 않습니다.

② 데이터셋 제공자: 데이터스냅 서버에서 DBMS에 접속해 조회한 결과를 클라이언트에 제공하는 기술입니다. 단순 조회용 데이터를 제공하는 것이 아니라, 데이터를 입력, 수정, 삭제, 조회할 수 있는 데이터셋을 제공하기 때문에 클라이언트는 원격의 DBMS 데이터라도 데이터스냅 서버를 통해 마치 로컬의 데이터베이스를 제어하는 것과 같은 방식으로 구현할 수 있습니다.

데이터스냅 기술은 다음과 같은 특징과 기능을 제공합니다.

- 분산데이터 처리 – 동일한 애플리케이션을 두 대 이상의 서버에 설치해 작업을 분산시키고 로드 밸런싱 서비스를 제공할 수 있습니다.
- 비지니스 로직을 미들웨어가 담당하고 클라이언트는 사용자 인터페이스만을 담당하여 가벼운 클라이언트 프로그램을 만들어 유지보수와 관리를 단순화 합니다.
- 모바일 앱 뿐아니라 다양한 클라이언트 애플리케이션이 미들웨어를 이용해 업무 로직을 공유할 수 있습니다.
- 서버 메소드와 데이터셋을 제공해 쉽고 빠르게 개발할 수 있습니다.
- TCP/IP, HTTP, HTTPS 등 다양한 통신 인터페이스를 제공합니다.
- 사용자 인증과 권한 부여 기능 제공합니다.
- 양단에 암호화 및 압축 필터를 적용할 수 있어 보안이 향상됩니다.

Tip

데이터스냅 기술 더 알아보기

이 책에서는 데이터스냅에 대해 간단히 소개하고, 실습을 통해 익히도록 구성됐습니다.(실습은 데이터스냅 미들웨어 서버와 모바일 앱에서 미들웨어 클라이언트 모듈을 이용해 미들웨어 서버와 연결하는 내용으로 진행합니다.)

데이터스냅에 대해 더 알아보려면 다음 정보를 통해 학습해보시기 바랍니다.

- 엠바카데로 온라인 도움말 : http://docwiki.embarcadero.com/RADStudio/XE7/en/Developing_DataSnap_Applications(Delphi XE7 기준)
- 델파이 샘플 : Samples폴더 〉 Object Pascal 〉 DataSnap
- 델파이 도서 : 델파이 Begin…End 14장의 분산처리(DataSnap) 참고

 Tip

소스포지에서 샘플 프로그램 가져오기

델파이의 샘플 소스 코드는 제품 설치 시 PC에 함께 설치됩니다. 그러나 소스포지(http://sourceforge.net)를 통해서도 샘플 소스를 참조할 수 있습니다. 소스포지를 이용하면 편하게 샘플을 구할 수 있을 뿐만 아니라 추가되거나 수정된 최신 버전을 구할 수가 있습니다.
아래 링크에서 소스 코드 다운로드 링크를 얻을 수 있습니다.

http://sourceforge.net/p/radstudiodemos/code/HEAD/tree/trunk/

다음 화면의 Read Only access 항목의 SVN 주소 중 "svn://" 부터 다음 공백 전 까지("/trunk") 복사(CTRL–C)해두시기 바랍니다.

이제 델파이에서 Open From Version Control에서 소스를 불러오면 됩니다. 세부 방법은 이미 2 장에서 학습을 하였으므로 어렵지 않게 소스를 불러오실 수 있을 것입니다. (2장 [팁] 서브버전(버전관리툴)의 소스 코드를 다운받아 사용하기 참조)

4. 데이터스냅 미들웨어 서버 만들기

따라하기를 통해서 데이터스냅 기능을 익혀보도록 하겠습니다.

데이터스냅 따라하기는 먼저 2 장에서 만든 사원정보 실전 앱에서 사용한 사원정보 데이터베이스(EMPLOYEE.GDB)의 데이터를 제공하는 미들웨어 서버를 만들고, 모바일 앱에서 미들웨어를 통해 사원정보 데이터베이스를 이용할 수 있도록 총 두 단계의 따라하기로 진행하겠습니다.

||||||| **따 라 하 기** ||||||||||||||||||||||||||||||||||||||||||||||||||||||||||||||||||||||||

사원정보를 제공하는 데이터스냅 미들웨어 서버를 만들어봅니다. 따라하기를 통해 다음의 기능을 제공합니다.

- 원격 데이터베이스의 사원정보 데이터를 데이터스냅 서버를 통해 모바일 앱(클라이언트)에서 사용할 수 있도록 데이터 제공
- 사원번호로 사원정보를 조회할 수 있는 서버 메소드 제공

01 File > New > Other 선택 후 New Items 화면에서 DataSnap Server 메뉴를 선택 후 DataSnap Server 항목을 선택합니다.

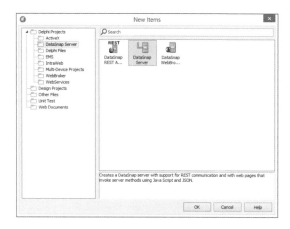

- 이후 마법사(wizard) 화면을 통해 프로젝트를 생성합니다.

- 프로젝트 타입 중 Forms Application 항목을 선택합니다. (Console과 서비스 형태로 진행할 수도 있습니다.)

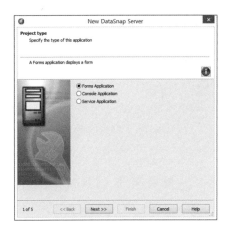

- VCL application을 선택합니다. (FireMonkey 플랫폼 기반도 가능합니다.)

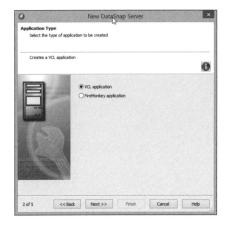

- 서버 기능을 선택합니다.

· **Protocols** : 이번 따라하기는 TCP/IP로 진행되지만 HTTP, HTTPS 프로토콜을 선택하면 다양한 프로토콜을 이용해 서비스 할 수 있습니다.

· **Server methods Class** : 서버 메소드 사용을 위해 선택합니다. Sample Methods를 선택해 메소드들이 어떻게 구현되어 있는지 참고할 수 있습니다. 소스 단에서 제거할 수 있으니 이 단계에서는 선택해 봅니다.

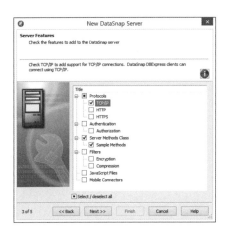

· [기타 기능]

Authentication, Filters : 인증과 암호화, 압축필터 기능을 사용하도록 설정 가능합니다.

JavaScript Files, Mobile Connectors : 웹페이지와 외부 모바일(Java, Objective C 등)에서 접속할 수 있는 인터페이스를 제공할 수 있습니다.

- 데이터스냅 서버가 사용할 포트번호를 입력 합니다.

미들웨어 서버가 사용할 포트를 입력하고 Test Port 버튼으로 해당 포트 사용여부를 확 인합니다. 만약, 사용중인 경우 Find Open Port 버튼을 클릭해 사용 가능한 포트번호를 검색 할 수 있습니다.

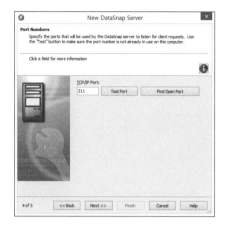

- 서버 메소드의 사용 용도에 따라 부모 클래스 를 선택할 수 있습니다. 데이터 스냅 서버의 데이터 셋을 데이터 스냅 클라이언트에서 사 용할 수 있는 TDSServerModule을 선택하고 Finish 버튼을 클릭해 마법사를 마칩니다.

02 마법사(wizard)를 마치면 Unit1, ServerMethodsUnit1, ServerContainerUnit1 3개의 Unit파 일이 생성되고, 내부에 필요한 컴포넌트와 샘플 메소드가 자동생성됩니다. 프로젝트를 'ProjectDSEmpServer'로 저장합니다. (File > Save all)

- Unit1 : 화면에 보이는 폼
- ServerMethodsUnit1 : 실제 업무 로직을 구현
- ServerContainerUnit1 : 데이터스냅 서버 동작을 위한 컴포넌트 포함

데이터베이스 연결, 데이터셋 제공하기

03 ServermethodsUnit1에서 사원정보 데이터베이스에 연결하고 클라이언트로 데이터를 제공하기 위한 컴포넌트를 아래와 같이 추가하고 속성을 변경합니다.

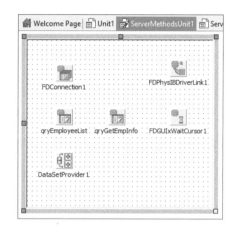

컴포넌트	용도
FDConnection1	데이터베이스(IBLite) 연결
qryEmployeeList(TFDQuery)	사원정보 목록 조회 쿼리 컴포넌트
qryGetEmpInfo(TFDQuery)	사원번호로 사원정보 조회 쿼리 컴포넌트
DataSetProvider1	데이터셋을 클라이언트(모바일)에 제공해주는 컴포넌트
FDPhysIBDriveLink1	인터베이스(IB) 드라이브 링크
FDGUIxWaitCursor	데이터베이스 작업 시 WaitCursor(모래시계)를 표시

04 FDConnection1의 속성을 설정해 데이터베이스와 연결합니다.

- 연결 설정을 위해 FDConnection1을 더블 클릭 후 아래의 속성을 변경한 후 Test 버튼으로 연결을 테스트합니다. 연결이 성공(오른쪽 메시지와 같이 나오면 성공)되면 OK 버튼을 클릭합니다.

- Driver ID : IB(IBLite를 사용할 경우 IB로 선택)
- Database : 2장 실습에서 만든 "EMPLOYEE.GDB"파일을 선택합니다.
- User_Name : 'SYSDBA'(또는 직접 입력한 계정)
- Password : 'masterkey'(또는 직접 입력한 비밀번호)
- CharacterSet : UTF8

- LoginPrompt를 False로 설정하여 연결 시 로그인창이 표시되지 않도록 합니다.
- Connected 속성을 True로 설정해 데이터베이스와 연결합니다.

05 사원정보 목록을 조회하여 클라이언트로 제공하기 위해 qryEmployeeList의 속성을 아래와 같이 설정합니다.

- 폼 위의 **qryEmployeeList**를 더블 클릭하고 다음의 쿼리문을 입력합니다.

```
SELECT EMP_NO, EMP_NAME, EMP_DEPT, EMP_EMAIL, EMP_THUMB FROM EMPLOYEES
```

- qryEmployeeList를 활성화하기 위해 **Active** 속성을 **True**로 변경합니다.

06 DataSetProvider1의 **DataSet** 속성을 qryEmployeeList로 선택해 사원 목록 정보를 클라이언트에 제공 합니다.

서버 메소드 기능 추가하기

서버 메소드를 추가하는 방법은 특별하지 않습니다. 서버 메소드 클래스(ServerMethodsUnit1의 TServerMethod1)의 public 영역에 메소드를 선언하면 됩니다.

07 서버 메소드에서는 사원번호(EMP_NO)를 받아서 사원정보를 반환합니다. 이때 조회할 qryGetEmpInfo 쿼리의 속성을 아래와 같이 변경합니다.

- 폼 위의 qryGetEmpInfo을 더블 클릭 후 SQL Command 항목에 다음의 쿼리문을 입력하고 OK 버튼을 클릭합니다.

```
SELECT EMP_NAME, EMP_DEPT
FROM EMPLOYEES
WHERE EMP_NO = :NO
```

08 ServerMethodsUnit1 유닛의 소스 코드 선언부를 보면 EchoString과 ReverseString 두 개의 서버 메소드 샘플이 구현되어 있습니다.

아래 코드를 참고해 사원 시퀀스로 사원정보를 조회하는 함수(GetEmpInfo)를 추가합니다.

```
… 앞부분 생략 …
  public
    { Public declarations }
    function EchoString(Value: string): string;
    function ReverseString(Value: string): string;
    function GetEmpInfo(A: Integer): string;
  end;

implementation

{$R *.dfm}

uses System.StrUtils;

function TServerMethods1.GetEmpInfo(ANo: Integer): string;
var
  name, dept: string;
begin
  qryGetEmpInfo.Close;
  qryGetEmpInfo.ParamByName('NO').AsInteger := ANo;
  qryGetEmpInfo.Open;
  Result := '';
  if not qryGetEmpInfo.Eof then
  begin
    name := qryGetEmpInfo.FieldByName('EMP_NAME').AsString;
    dept := qryGetEmpInfo.FieldByName('EMP_DEPT').AsString;
    Result := '이름 : ' + name + #13#10'부서 : ' + dept;
  end;
end;

function TServerMethods1.EchoString(Value: string): string;
begin
  Result := Value;
end;

function TServerMethods1.ReverseString(Value: string): string;
begin
  Result := System.StrUtils.ReverseString(Value);
end;
end.
```

실행하고 테스트하기

09 데이터스냅 미들웨어 서버 개발이 완료되었습니다. Run > Run without Debugging 메뉴로 ProjectDSEmpServer를 실행합니다.

10 실행하면 아무 컨트롤도 없는 빈 폼이 화면에 표시됩니다. 하지만 내부적으로 서버 기능 이 구동되고 있는 상태이며 창을 닫으면 서버가 중단됩니다. 이후 개발 과정에서 데이터 스냅 서버와 연결해 데이터를 분석하는 과정이 필요하니 폼을 그대로 두고 클라이언트 개 발 과정을 따라하시기 바랍니다.

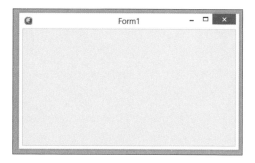

사원목록을 제공하고 사원정보를 조회하는 서버 메소드를 갖는 간단한 기능의 데이터스냅 미들 웨어 서버를 만들어보았습니다. 저자는 계속 미들웨어 '서버'라고 '서버'를 강조합니다.

그 이유는 클라이언트 즉 모바일 앱은 서버에 접속을 하고, 서버에서 데이터를 받고, 서버를 통 해 데이터를 수정하고 삭제합니다. 즉, 모바일 앱은 서버만 바라보며 작업을 합니다.

앞으로 진행할 데이터스냅 클라이언트 모바일앱의 경우 서버에서 제공하는 데이터셋을 마치 로 컬의 데이터 처럼 작업합니다. 그리고 멀티-티어의 개념이 잡히지 않았다면 이 작업이 서버에서 이뤄지는지 클라이언트 영역에서 이뤄지는지 헷갈릴 수 있습니다. 하지만 이런 작업은 모두 서 버에서 제공해주는 데이터를 이용하는 것입니다. 꼭 명심하시기 바랍니다.

그리고, 클라이언트에서 서버에 접속하기 위해서는 서버 IP와 Port 번호가 필요합니다. 앞의 따 라하기에서는 기본 211번 포트를 사용했습니다. 포트번호를 변경하기 위해서는 Server ContainerUnit1에서 DSTCPServerTransport1.Port 속성을 변경하시기 바랍니다.

5. 데이터스냅 모바일 클라이언트 만들기

데이터스냅 미들웨어 서버에 접속해 사원정보를 조회하는 모바일 클라이언트를 만들어 봅니다.
이번 따라하기는 기능을 이해하기 위해 최소한의 UI에 기능을 구현합니다.

01 프로젝트 매니저에서 Project Group의 팝업 메뉴에서 Add New Project 메뉴를 선택합니다.
(앞에서 만든 미들웨어 프로젝트와 모바일 앱 프로젝트를 함께 작업하기 위해 프로젝트
그룹으로 프로젝트를 생성합니다.)

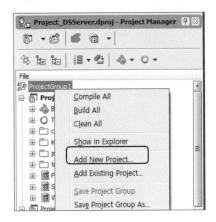

02 New Items창의 왼쪽의 트리 메뉴에서 Multi-Device Projects를 선택하고, Blank Application
메뉴를 선택합니다.

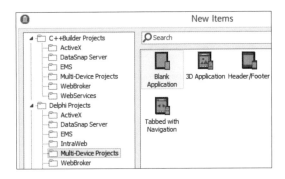

03 모바일 프로젝트와 프로젝트 그룹을 각각 'ProjectDSEmpMobile'과 'ProjectGroupData
Snap'으로 저장합니다.

화면 만들기

04 폼 디자이너에 다음과 같은 컴포넌트를 추가하고 속성을 변경합니다.
(TEdit, TButton, Tlabel의 크기와 위치는 보기 좋게 지정합니다.)

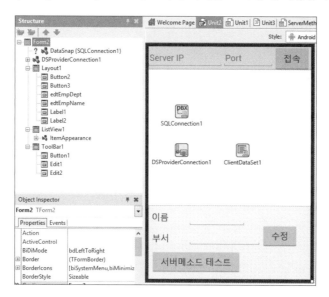

상위 오브젝트	오브젝트	속성	값(또는 설명)
Form2	ToolBar1		
ToolBar1	Edit1	TextPrompt	Server IP
	Edit2	TextPrompt	Port
	Button1	Text	접속
Form2	ListView1	Align	Client
Form2	Layout2	Align	Bottom
		Height	150
Layout2	Label1	Text	이름
	edtEmpName(TEdit)	Name	edtEmpName
	Lable2	Text	부서
	edtEmpDept(TEdit)	Name	edtEmpDept
	Button2	Text	수정
	Button3	Text	서버메소드 테스트
Form2	SQLConnection1		
	DSProviderConnection1		
	ClientDataSet1		

미들웨어 서버의 사원정보 데이터와 연결하기

05 SQLConnection 컴포넌트로 데이터스냅 미들웨어 서버와 연결합니다.

- Driver 속성을 DataSnap으로 변경합니다.
- Params 속성을 더블 클릭하여 속성 목록을 표시 합니다.
- Params.HostName 속성은 'localhost'로 설정합니다.
- Params.Port 속성은 미들웨어 서버에서 지정한 Port Number를 입력합니다. (기본 포트번호는 211번입니다.)
- LoginPrompt 속성을 False로 변경해 로그인창을 표시하지 않도록 합니다.
- Connected 속성을 True로 변경해 연결을 활성화 시킵니다.

06 DSProviderConnection 컴포넌트는 미들웨어 서버가 제공하는 DataSetProvider와 연결을 위한 컴포넌트입니다.

- SQLConnection 속성은 앞에서 설정한 SQLConnection1을 이용합니다.
- ServerClassName을 'TServerMethods1'로 입력합니다.
  ServerClassName은 데이터스냅 미들웨어 서버에서 DataSetProvider가 선언된 서버메소드 유닛의 클래스 이름을 입력합니다.
  우리는 ProjectDSEmpServer(서버 프로젝트)의 ServerMethodsUnit1 파일에서 클래스 이름을 참고해서 'TServerMethods1' 입력합니다.

```
type
  TServerMethods1 = class(TDSServerModule)
    FDConnection1: TFDConnection;
```

- Connected 속성을 True로 설정해 연결합니다.

07 ClientDataSet 컴포넌트는 DataSetProvider의 데이터를 보관하는 역할을 합니다. 원격서버와 DataSetProvider 이름을 설정하면 내부 데이터스냅 기술을 이용해 원격서버의 데이터셋을 로컬로 가져옵니다.

- RemoteServer를 DSProviderConnection1으로 지정합니다.
- ProviderName을 'DataSetProvider1'으로 입력합니다.
  ProviderName은 원격서버의 TDataSetProvider의 이름(Name) 속성을 입력합니다. 즉, 원격서버의 어떤 데이터 셋을 가져올지 지정할 수 있습니다. 우리는 ProjectDSEmpServer

(서버 프로젝트)의 ServerMethodsUnit1의 폼에서 DataSetProvider1을 이용할 것입니다.

- Active 속성을 True로 변경해 데이터를 활성화 합니다.

데이터를 활성화하면 원격서버의 qryEmployeeList의 데이터를 ClientDataSet1이 복사합니다. ClientDataSet1을 제어(Insert, Edit, Delete)하고 적용(Post)하면 내부적으로 원격서버의 qryEmployeeList와 동기화됩니다.

※ 만약, 앞의 "미들웨어 서버의 사원정보 데이터와 연결하기(5~7 단계)"의 과정 중 연결(Connected, Active가 True로 변경 시 오류발생)이 되지 않는 경우 데이터스냅 미들웨어 서버(ProjectDS EmpServer.exe)가 구동 중인지 확인해 보기 바랍니다.

SQLConnection과 DSProviderConnection, ClientDataSet 컴포넌트는 각각 미들웨어 서버에 접속하고 미들웨어 서버에서 제공하는 데이터셋으로 연결하기 때문에 반드시 데이터스냅 미들웨어 서버가 실행된 상태에서 개발해야 합니다.

08 라이브바인딩 기술을 이용해 ClientDataSet1의 데이터를 ListView1에 표시합니다. View > LiveBindings Designer 메뉴를 클릭하고 아래의 그림을 참고해 데이터를 연결합니다.

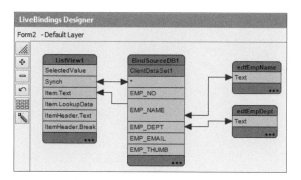

(타겟 플랫폼을 Win32로 선택하고 F9 버튼을 눌러 실행하고 목록이 나오는지 테스트 해 봅니다.)

09 데이터스냅에서 받은 데이터 셋은 조회 뿐아니라 입력, 수정, 삭제와 같이 데이터셋을 제어할 수 있습니다.

수정 버튼을 누르면 입력된 이름과 직함으로 데이터가 업데이트 되도록 수정 기능을 구현합니다. 수정 버튼(Button2)의 OnClick 이벤트 핸들러에 아래의 코드를 입력합니다.

```
procedure TForm2.Button2Click(Sender: TObject);
begin
  ClientDataSet1.Edit;
  ClientDataSet1.FieldByName('EMP_NAME').AsString := edtEmpName.Text;
  ClientDataSet1.FieldByName('EMP_DEPT').AsString := edtEmpDept.Text;
  ClientDataSet1.Post;
  ClientDataSet1.ApplyUpdates(-1);
  ClientDataSet1.Refresh;
end;
```

(코드 중간 점검을 위해 Target Platform을 32-bit Windows(Win32)로 선택 후 F9 버튼을 눌러 실행하고 테스트 해봅니다.)

서버 메소드 생성하고 호출하기

미들웨어 서버에는 GetEmpInfo라는 서버 메소드를 구현했습니다. 데이터스냅 클라이언트 모듈은 연결된 서버에서 제공하는 서버 메소드를 호출할 수 있는 클라이언트 클래스(인터페이스 파일)를 자동으로 생성할 수 있습니다.

10 SQLConnection1을 오른쪽 마우스로 클릭하고 **Generate DataSnap Client Classes** 메뉴를 클릭합니다. (단, SQLConnection1의 **Connected** 속성이 **True**로 설정된 활성화 상태에서만 가능합니다.)

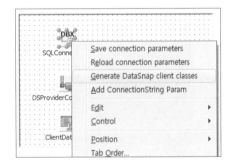

11 TServerMethods1Client라는 클래스가 포함된 Unit3 파일이 생성되어 모바일 프로젝트 (ProjectDSEmpMobile)에 추가되었습니다. 아마 여러분들도 새로운 파일이 추가되었을 것입니다. (생성된 파일명은 다를 수 있습니다.)

12 다시 모바일 폼(Unit2)으로 돌아가 좀 전에 생성한 Unit3 사용하기 위해 File > Use Unit 메뉴를 클릭하고 Unit3.pas(implementation) 항목을 선택해 추가합니다.

13 서버메소드 테스트 버튼을 누르면 서버에 구현된 서버 메소드 GetEmpInfo를 호출한 후 서버에서 응답 받아 메시지를 출력하도록 구현해보도록 합니다. 서버 메소드 테스트 버튼 (Button3)의 OnClick 이벤트핸들러에 아래 코드를 작성합니다.

```
procedure TForm2.Button3Click(Sender: TObject);
var
  Method: TServerMethods1Client;
  EmpNo: Integer;
  EmpInfo: string;
begin
  Method := TServerMethods1Client.Create(SQLConnection1.DBXConnection);
  // 선택한 사원번호
  EmpNo := ClientDataSet1.FieldByName('EMP_NO').AsInteger;
  // 서버메소드 클라이언트 클래스(TServerMethods1Client)를 통해 서버 메소드를 호출하고 응답을 받는다.
  EmpInfo := Method.GetEmpInfo(EmpNo);
  ShowMessage(EmpInfo);
end;
(Win32로 실행해 테스트 해봅니다.)
```

서버접속 기능 추가하기

지금까지 SQLConnection1의 Params.HostName에 설정된 'localhost'로 개발하고, Win32로 테스트를 진행해봤습니다.

하지만, 모바일 앱에서 접속하기 위해서는 모바일에서 접속할 수 있는 서버 IP를 HostName에 입력해야 합니다. 화면에서 서버IP와 포트번호를 입력받아 접속하도록 구현합니다.

14 접속 버튼(Button1)을 누르면 입력받은 서버IP(Edit1)와 포트(Edit2)를 이용해 데이터스냅 서버에 접속하도록 접속 버튼(Button1)의 OnClick 이벤트 핸들러에 아래 코드를 구현합니다.

```
procedure TForm2.Button1Click(Sender: TObject);
begin
  SQLConnection1.Params.Values['HostName'] := Edit1.Text;
  SQLConnection1.Params.Values['Port'] := Edit2.Text;
  SQLConnection1.Connected := False;
  ClientDataSet1.Active := True;
end;
```

실행하고 테스트하기

15 모바일 앱 개발이 완료되었습니다. 타겟 플랫폼을 안드로이드와, iOS로 설정해서 테스트 할 수 있습니다.

(만약, 접속할 IP주소를 모르거나, 접속이 실패한다면 아래의 팁을 통해 환경을 확인하고 개발PC의 포트를 변경하지 않았다면 디펄트 값인 211번을 입력해 테스트 하기 바랍니다.)

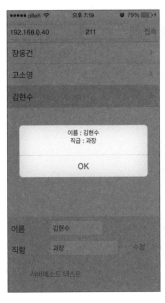 

이렇게 멀티-티어 환경을 개발 할 수 있는 데이터스냅 기술을 알아보고 실습해 봤습니다. 이 책에서는 데이터스냅을 모바일에서 사용할 수 있도록 모바일 위주로 설명하고 실습해 봤습니다. 하지만 데이터스냅은 서버가 중심이 되는 기술입니다. 이 장 앞에서 설명한 바와 같이 엠바카데로 기술 도움말과 델파이 도서를 이용해 데이터스냅에 대해 더 알아본다면 더욱 강력하고 유연한 미들웨어를 개발하고 구성 할 수 있을 것입니다.

Tip

데이터스냅 테스트 주의사항

데이터스냅 테스트는 네트워크 환경이 중요합니다. 왜냐하면 개발 PC에 설치된 데이터스냅 서버에 네트워크를 통해 모바일 앱이 접속해야 하기 때문입니다.

모바일에서 개발 PC와 연결하는 방법은 다양할 수 있지만, 이번에는 동일 서브넷으로 접속하는 방안을 안내합니다. 보통 동일 서브넷은 같은 공유기에 있는 경우라고 생각하면 됩니다.

저자의 네트워크 환경 특히 IP 주소를 확인해 보겠습니다
(PC와 모바일 디바이스는 모두 같은 공유기로 접속되었습니다.)

[PC] 시작 〉 실행(윈도우키 + R) 〉 ipconfig

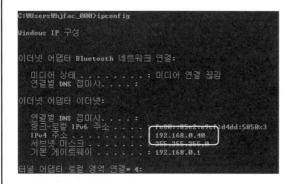

[안드로이드/iOS] 설정 〉 WIFI(연결) 〉 연결된 항목 선택

[결과] "192.168.0"이 같아 동일 서브넷이므로 데이터스냅 테스트가 가능합니다.
- PC : 192.168.0.40
- 아이폰 : 192.168.0.38
- 안드로이드 : 192.168.0.37

웹서비스와 클라우드

웹서비스나 클라우드 서비스 등에서 주로 사용되는 XML과 JSON을 학습합니다.
REST 클라이언트와 IdHTTP 컴포넌트로 웹서비스를 이용합니다.
BaaS(Backend as a Service)를 이해합니다.
GCM(구글 클라우드 메시지)과 APN(애플 푸쉬 알림) 서비스를 사용합니다.

M o b i l e   A p p

4장

웹 서비스 데이터 이용하기

이 장에서는 모바일 앱에서 다양한 웹 상의 데이터를 이용하기 위해
웹서비스와 연동하는 기술과 웹서비스에서 표준화된 JSON과 XML 형식의
데이터를 분석하는 방법을 학습합니다.

페이스북, 트위터 등의 SNS, 드롭박스(Dropbox), 에버노트(EverNote)와 같은 클라우드 서비스, 네이버, 다음, 구글과 같은 국내 외 포털 서비스 등에서는 자사의 서비스와 데이터를 공개하고 연동할 수 있는 Open API를 제공하고 있습니다. 이런 Open API는 대부분 REST API(표준 웹서비스 인터페이스)를 통한 JSON과 XML 포맷으로 데이터를 제공하고 있습니다.

그리고 최근에는 사내에서 사용되는 업무 프로그램들도 이러한 표준화된 웹 기술을 이용해 서버를 만들고 다양한 클라이언트(모바일, 웹, PC)에서 웹서버에 접속하여 데이터를 조회하고 등록하는 등 웹서비스의 활용도는 매우 높아지고 있습니다.

이 장에서는 내(사내)/외부 웹 서비스에 연동하는 기술과 JSON, XML 데이터를 분석하는 방법을 아래 두 가지 따라하기를 통해 학습하겠습니다.

- 델파이 REST 클라이언트를 이용해 REST 기반 웹서비스와 연동하고 데이터 어댑터 컴포넌트를 이용해 JSON 포맷의 응답 데이터 셋 분석
- IdHTTP 컴포넌트로 웹서비스와 연동하고 수신 데이터를 XML, JSON 분석기(parser)로 분석

Tip

REST(Representational State Transfer) 란?

REST는 Representational State Transfer의 약자로, 분산 하이퍼미디어 시스템을 위한 소프트웨어 아키텍처의 한 형식으로써 네트워크 상의 클라이언트와 서버 간 통신 방식입니다.
위키백과는 REST에 대하여 다음과 같이 정의하고 있습니다.

REST(Representational State Transfer)는 월드 와이드 웹과 같은 분산 하이퍼미디어 시스템을 위한 소프트웨어 아키텍처의 한 형식이다. … 중략…
엄격한 의미로 REST는 네트워크 아키텍처 원리의 모음이다. 여기서 네트워크 아키텍처 원리란 리소스를 정의하고 리소스에 대한 주소를 지정하는 방법에 대한 개괄을 말한다. 간단한 의미로는, 도메인 지향 데이터를 HTTP위에서 SOAP이나 쿠키를 통한 세션 트랙킹 같은 부가적인 전송 레이어 없이, 전송하기 위한 아주 간단한 인터페이스를 말한다. …생략

〈위키백과 – http://ko.wikipedia.org/wiki/REST〉

 Tip

JSON, XML 알아보기

이 책에서는 JSON과 XML의 구조와 형식에 대해서는 자세히 다루지 않습니다. 아래의 링크를 통하여 JSON과 XML에 대해 자세히 알아보시기 바랍니다.

- JSON의 개요 – http://www.json.org/json-ko.html
- 위키백과(JSON) – http://ko.wikipedia.org/wiki/JSON
- 위키백과(XML) – http://ko.wikipedia.org/wiki/XML
- JSON 튜토리얼(영문) – http://www.w3schools.com/json/
- XML 튜토리얼(영문) – http://www.w3schools.com/xml/

1. REST 클라이언트로 웹 서비스 JSON 데이터 활용하기

델파이 REST 클라이언트 라이브러리는 REST 기반 웹서비스와 연동할 수 있는 프레임워크입니다. (이 프레임워크는 JSON 포맷을 지원하며, XML 포맷은 명시적으로 지원하지 않습니다.)

1.1. REST 클라이언트의 컴포넌트 구성

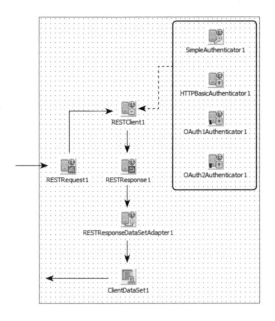

REST 클라이언트는 역할에 따라 총 5가지의 컴포넌트로 구성됩니다.

- TRESTClient – 웹서비스와 연결되어 실제 요청과 응답을 수행하는 REST 클라이언트 컴포넌트
- TRESTRequest – 요청에 필요한 파라미터와 설정을 갖는 요청 컴포넌트
- TRESTResponse – 요청에 대한 응답 데이터를 갖는 응답 컴포넌트
- Tauthenticator – 웹 서비스의 인증을 담당하는 인증 컴포넌트
- TRESTResponseDataSetAdapter – 응답이 JSON 형식인 경우 응답 내용을 분석하고 데이터를 데이터셋(TDataSet)에 전송할 수 있는 데이터 어댑터 컴포넌트

용도별로 컴포넌트가 분리되어 있어 다양한 웹서비스의 연동 시 유연하게 구성할 수 있습니다. 컴포넌트 별로 용도와 주요 속성에 대해 알아보겠습니다.

● REST 클라이언트 컴포넌트(TRESTClient)

TRESTClient는 HTTP 연결을 관리하며 웹 서비스에 실제 요청을 수행하고 데이터를 수신하는 역할을 하는 컴포넌트입니다. 실제 요청과 수신 작업을 하지만, 요청에 필요한 정보는 요청 컴포넌트(TRESTRequest)에서 처리하고 응답 데이터 처리는 응답 컴포넌트(TRESTResponse)에서 처리하도록 설계되어 있습니다.

주요 속성은 BaseUrl 이며, 웹 서비스의 전체 URL 중 고정된 앞부분의 URL을 설정합니다.

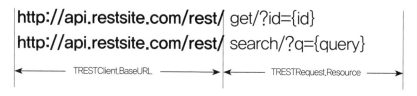

또한 HTTP 헤더와 프록시 서버를 처리하고, Authenticator 속성을 통해 추가 인증 컴포넌트를 선택해 웹서비스 인증 과정을 수행합니다.

● 요청 컴포넌트(TRESTRequest)

TRESTRequest는 웹 서비스에 요청하기 위한 데이터를 관리하는 컴포넌트로 Resource 속성과 Params 속성을 주로 사용합니다.

Resource 속성은 웹 서비스 URL 중 변경되는 부분(전체 URL에서 TRESTClient.BaseUrl을 제외한 URL의 뒷부분)을 입력합니다. Resource에는 파라미터 정보(q={query})를 포함해 입력합니다. 파라미터의 값은 중괄호({param})로 감싸서 입력합니다. 중괄호로 감싼 내용은 Params 속성에 추가되고 Params 속성에서 값을 입력하면 요청 시 Resource의 중괄호로 감싸진 문자열이 Params 속성 값으로 치환되어 요청합니다.

예를 들면 Resource에 'search?q={query}'로 입력하고, Params 속성에서 query 값을 'Delphi'로 입력하면 최종 요청 시 'search?q=Delphi'로 요청됩니다.

TRESTRequst는 그 외에 Method 속성을 이용해 'Get', 'Post', 'Put', 'Delete'로 요청할 수 있습니다.

● 응답 컴포넌트(TRESTResponse)

TRESTResponse는 웹 서비스에서 반환된 데이터를 보관합니다. 반환된 데이터 외에도 HTTP 상태코드, 오류 메시지 등이 함께 보관되므로, 요청이 실패한 경우 오류 코드 등을 통해 원인 파악에 사용할 수 있습니다. TRESTResponse.StatusCode, TRESTResponse.StatusText 등이 제공됩니다.

반환된 데이터는 Contents, JSONValue, RawBytes 중 하나의 속성을 이용할 수 있습니다. 만약, 응답 데이터가 정규화된 JSON 형태인 경우 TRESTResponseDataSetAdapter 컴포넌트를 통해 응답 데이터를 자동 분석 후 지정한 TDataSet으로 분석된 데이터를 전송할 수 있습니다. (단, JSON 데이터가 배열 형태로 구성된 경우에 한하여 분석이 가능합니다. 응답 데이터가 JSON 형태가 아니거나 정규화되지 않은 경우 직접 데이터를 분석해 사용해야 합니다.)

● 인증 컴포넌트(TAuthenticator)

웹 서비스 이용 시 인증 절차가 필요하다면 인증 컴포넌트를 추가하고 TRESTClient 컴포넌트의 Authenticator 속성에서 선택해 인증 과정을 추가할 수 있습니다. 기본적인 인증 방식은 아래의 4가지를 제공합니다.

(별도 인증 과정이 필요한 경우 TCustomAuthenticator 클래스를 상속한 인증 클래스를 만들어 사용할 수 있습니다.)

인증 컴포넌트	내용
TSampleAuthenticator	사용자 이름과 암호를 포함한 HTTP 양식과 같은 기본적인 인증 방법 사용
THTTPBasicAuthenticator	HTTP 기본 인증을 처리. 사용자 이름과 암호를 포함한 값이 HTTP 헤더에 포함됩니다. 이때 사용자 이름과 암호는 base64로 인코딩 됩니다.
OAUth1Authenticator / OAUth2Authenticator	Oauth 인증은 사용자가 웹뷰를 통하여 서비스 공급자의 페이지에서 직접 인증 확인(로그인)하고 그 응답을 토큰 형태로 전달받아 그 토큰을 활용해 인증하는 방식입니다. 이 방식은 서비스 공급자 별로 인증 방식이 다를 수 있습니다.

 Tip

REST 분석도구(REST Debugger) 사용

웹 서비스와 연동하려면 우선 웹 서비스 인터페이스를 분석하고, 테스트하여 웹 서비스 인터페이스를 이해해야 합니다.

델파이는 REST 기반 웹서비스 분석도구인 REST Debugger를 제공합니다.

REST Debugger는 REST 클라이언트에서 입력해야 하는 속성(BaseUrl, Resource, Params 등)들을 GUI를 통해 입력하고 요청과 응답, 분석을 할 수 있도록 해줍니다.

REST Debugger는 분석 작업 후 분석한 데이터를 개발에 재사용할 수 있도록 분석 내용이 모두 포함된 REST 컴포넌트를 복사할 수 있는 Copy Component 기능을 제공해 분석 과정을 손쉽게 개발로 연장할 수도 있습니다.

따라하기를 통해 REST 분석도구 사용법을 익혀 볼 수 있습니다.

이번 따라하기에서는 REST 클라이언트 라이브러리를 이용해 웹 서비스에서 제공하는 JSON 데이터를 분석하는 과정을 진행합니다.

웹 서비스는 데브기어 기술자료의 RSS 피드를 JSON 포맷으로 사용합니다.

- 전체 URL : http://ajax.googleapis.com/ajax/services/feed/load?v=1.0&num=10&q=http://tech. devgear.co.kr/delphi_news/rss

REST 클라이언트에서 사용할 데이터는 아래와 같습니다.

- TRESTClient.BaseUrl : http://ajax.googleapis.com/ajax/services/feed/
- TRESTRequest.Resource : load?v=1.0&num={num}&q={query}
- Params
  - {num} : 10
  - {query} : http://tech.devgear.co.kr/delphi_news/rss/

이 앱에서는 웹 서비스에서 받은 기술 자료를 목록에 표시하고, 목록에서 선택하면 기술 자료 상세 페이지를 웹브라우저(TWebBrowser)에 표시하도록 합니다. (웹 서비스 분석은 REST 분석 도구인 REST Debugger를 이용합니다.)

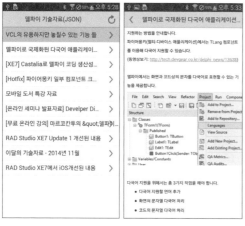

안드로이드폰 결과화면

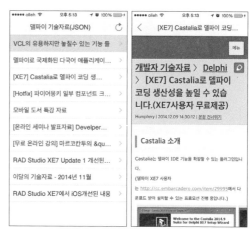

iOS 결과화면

REST 분석도구를 이용해 웹 서비스 분석하기

01 델파이 메인 메뉴에서 Tools >
REST Debbuger를 실행합니다.

02 Request 탭에서 아래 정보를 입력합니다.

- URL : http://ajax.googleapis.com/ajax/services/feed
- Content—Type : application/json(선택)

03 Parameters 탭에서 아래 정보를 입력합니다.

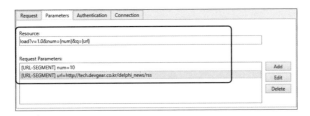

- Resource : load?v=1.0&num={num}&q={url}
- Request Parameters : Resource 입력 박스에서 포커스 아웃 시 목록 자동 생성
- num=10 (num= 항목을 더블 클릭하여 Value 항목에 입력 후 Apply 버튼 클릭)
- url =http://tech.devgear.co.kr/delphi_news/rss

04 Send Request 버튼을 클릭해 요청을 전송합니다. 올바르게 입력했다면 하단 Response 영역에 HTTP/1.1 200 OK 문자열이 포함된 로그가 기록되고 Headers 탭에 Header 정보가 기록됩니다.

05 Body 탭으로 이동 후 응답 데이터를 확인합니다. 아래와 같은 구조가 표시됩니다.

```
{
  "responseData":
  {
    "feed":
    {
      "feedUrl":"http://tech.devgear.co.kr/delphi_news/rss",
      "title":"개발자 기술자료",
      "link":"http://tech.devgear.co.kr/delphi_news",
      "author":"",
      "description":"",
      "type":"rss20",
      "entries":
      [
        {
          "title":"VCL의 유용하지만 놓칠수 있는 기능 들",
          "link":"http://tech.devgear.co.kr/408247",
          "author":"Humphery"
```

06 우리가 사용할 기술 자료는 responseData 하위의 feed 하위의 entries 항목의 데이터입니다. 이를 사용하기 위해 JSON Root Element 항목에 아래와 같이 입력하고 Apply 버튼을 클릭합니다.

- JSON Root Element : responseData.feed.entries
- Apply 버튼 클릭

07 Tabular Data 탭으로 이동하여 결과를 확인합니다. 지금까지 진행한 웹서비스 분석 데이터
는 이후 진행되는 개발 과정에서 재사용됩니다. 창을 닫지 말고 모바일 앱 개발 과정을 진
행합니다.

분석 데이터를 이용해 모바일 앱 개발하기

08 File > New > Multi-Device Application - Delphi > Blank Application으로 새로운 프로젝
트를 만듭니다. (스타일을 Android로 변경하고 폼 크기를 모바일 비율로 적절히 조정합
니다.)

09 이 앱에서 사용할 TWebBrowser 컴포넌트는 안드로이드와 iOS 모바일 플랫폼만 지원합
니다. 플랫폼 선택 콤보박스 또는 프로젝트 매니저에서 모바일 플랫폼으로 변경 후 진행
하기 바랍니다.

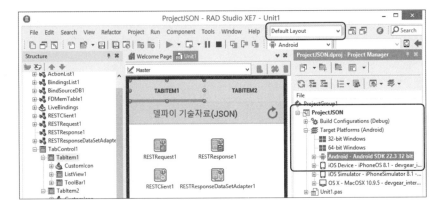

10 다음 화면과 스트럭처 뷰 그리고 표를 참고해 UI를 완성합니다.
(TWebBrowser는 안드로이드와 iOS 모바일 플랫폼만 지원합니다. TWebBrowser 컴포넌트가 비활성화 되어 있으면, 타겟 플랫폼을 안드로이드 또는 iOS로 설정하고 추가합니다.)

상위 오브젝트	오브젝트	속성	값(또는 설명)
Form1	TabControl1		
TabControl1	TabItem1		
	TabItem2		
TabItem1	ToolBar1		
ToolBar1	Label1	Align	Contents
		Text	델파이 기술자료(JSON)
		TextSettings.HorzAlign	Center
	Button1	Align	Right
		StyleLookup	refreshtoolbutton
TabItem1	ListView1	Align	Client
TabItem2	ToolBar2		
ToolBar2	Label2	Align	Contents
		Text	글 제목이 표시됩니다.
		TextSettings.HorzAlign	Center
	Button2	Align	Left
		StyleLookup	arrowlefttoolbutton
TabItem2	WebBrowser1	Align	Client
Form1	ActionList1		
ActionList1	ChangeTabAction1	ActionList1 더블클릭 〉 New Standard Action 〉 TChangeTabAction 선택	

11 REST Debugger로 돌아가 Copy Components 버튼을 클릭합니다.

12 다시 델파이 IDE로 돌아와 폼위에 Ctrl+V로 앞에서 복사한 컴포넌트를 붙여넣습니다.
(폼위의 컴포넌트를 정리합니다.)
RESTRequest1을 더블 클릭해서 요청을 전송합니다.

13 라이브 바인딩을 이용해 데이터와 UI를 연결합니다. View > LiveBindings Designer 메뉴를 클릭합니다. 오른쪽 그림을 참고해 데이터와 UI 요소를 연결합니다.

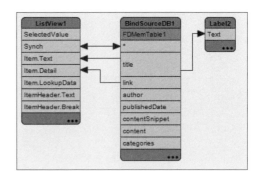

> **주의!**
>
> ListView1의 Item.Detail 항목이 보이지 않을 것입니다. Item.Detail 항목을 추가하기 위해서 ListView1.ItemAppearance.ItemAppearance를 ListItemRightDetail로 변경합니다.
> 아래와 같이 연결한 이후에는 목록에서 링크 정보를 표시하지 않기 위해 ListView1.ItemAppearance.ItemAppearance를 ListItem으로 다시 변경합니다.

14 Form1의 OnCreate, Button1~Button2의 OnClick, ListView1의 OnItemClick 이벤트 핸들러를 각각 생성하고 다음 코드를 참고하여 코드를 추가합니다.

(탭 위에 TWebBrowser 컴포넌트를 올리고 표시하면 간혹 메인폼에 표시되는 경우가 있기 때문에 웹브라우저를 보여줘야 할 경우 Visible 속성을 True로, 보여주지 않을 경우 Visible 속성을 False로 코딩하였습니다.)

```
procedure TForm1.FormCreate(Sender: TObject);
begin
  // 폼 생성(앱 시작) 시 탭선택을 감추고 첫번째 탭 표시
  TabControl1.TabPosition := TTabPosition.None;
  TabControl1.TabIndex := 0;
end;

procedure TForm1.Button1Click(Sender: TObject);
begin
  // 갱신버튼 클릭 시 요청 실행
  RESTRequest1.Execute;
end;

procedure TForm1.ListView1ItemClick(const Sender: TObject;
  const AItem: TListViewItem);
begin
  // 목록의 아이템 선택(클릭) 시 URL지정 후 웹브라우저 실행
  WebBrowser1.URL := AItem.Detail;
  WebBrowser1.Navigate;
  WebBrowser1.Visible := True;

  // 2번째 탭(상세보기)로 이동
  ChangeTabAction1.Tab := TabItem2;
  ChangeTabAction1.ExecuteTarget(nil);
end;

procedure TForm1.Button2Click(Sender: TObject);
begin
  // < 버튼 클릭 시 1번째 탭(목록)으로 이동
  WebBrowser1.Visible := False;
  ChangeTabAction1.Tab := TabItem1;
  ChangeTabAction1.ExecuteTarget(nil);
end;
```

15 개발 과정이 완료 되었습니다. 타겟 플랫폼을 안드로이드와 iOS로 설정한 후 실행하고 테스트합니다. 목록 갱신 버튼으로 목록을 표시하고 목록을 선택하여 상세보기 화면으로, 그리고 이전(〈)버튼으로 목록으로 이동해 봅니다.

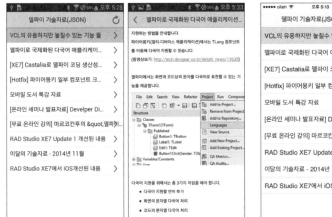
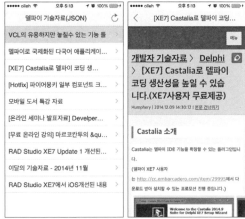

안드로이드폰 결과화면 · iOS 결과화면

따라하기를 통해서 REST 분석도구로 웹서비스를 분석하고 이렇게 분석한 데이터를 모바일 앱에서 사용하는 앱을 만들어 봤습니다.

Tip

REST 클라이언트 라이브러리 더 알아보기

엠바카데로 기술 도움말과 기본 샘플을 통해 REST 클라이언트 사용 방법을 추가로 학습할 수 있습니다.
엠바카데로 기술 도움말에서는 REST 클라이언트 라이브러리의 구조와 컴포넌트, 클래스에 대한 소개와 트위터,
페이스북을 연동하는 예제를 제공합니다.

• http://docwiki.embarcadero.com/RADStudio/XE7/en/REST_Client_Library

델파이 기본 샘플의 RESTDemos 프로젝트에는 다양한 외부 서비스(Discogs, Delphi-PRAXIS, Twitter,
Googls(Tasks), Facebook, Fetch to DatSet, Twine, Foursquare, Dropbox)에 연동하는 샘플이 제공되며 REST 클라
이언트 라이브러리 사용법과 다양한 인증(Basic, OAuth1, OAuth2)을 구현하는 방법을 소개합니다.

• (델파이 샘플) 〉 Object Pascal 〉 Database 〉 RESTDemo 〉 RESTDemos.dpr

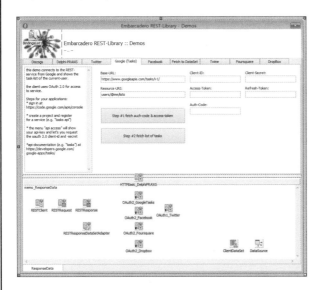

다음의 유투브 동영상에는 앞의 RESTDemos 프로젝트를 소개하고 모바일 프로젝트에서 DropBox와 연동하는 과
정을 함께 진행합니다.

• http://www.youtube.com/watch?v=sp-EDTKy2BU

2. IdHTTP 컴포넌트로 웹서비스 XML 데이터 활용하기

IdHTTP 컴포넌트는 웹서버에 HTTP 프로토콜로 요청하여 원하는 데이터를 받아오는 컴포넌트입니다. Get, Post 메소드를 이용해 웹서버에 요청(정보 전달)하고 문자열과 이미지, 파일 등의 형태로 응답(데이터 수신)할 수 있습니다.

앞의 REST 클라이언트와 차이점은 IdHTTP 컴포넌트는 웹서버에 요청 후 수신하는 기능만 제공하는 컴포넌트인 반면 REST 클라이언트는 웹서비스의 다양한 인터페이스를 구조화 할 필요가 있고, 인증과 데이터 분석의 자동화가 필요한 경우 사용이 편리합니다.

이번 따라하기는 앞서 진행한 따라하기(REST 클라이언트로 JSON 형식 데이터 처리)를 IdHTTP 컴포넌트를 이용해 XML 데이터 형식으로 받아와 기능을 구현하도록 진행하겠습니다.

추가로, 웹상의 이미지를 다운로드하여 화면에 표시하는 기능도 두 번째 따라하기로 진행하겠습니다.

||||||| **따 라 하 기** |||||||||||||||||||||||||||||||||||||||||||||||||||||

이번 따라하기에서는 IdHTTP 컴포넌트를 이용해 웹 서비스에서 제공하는 XML 데이터를 분석하는 과정을 진행합니다.

웹 서비스는 데브기어 기술 자료의 RSS 피드를 XML 포맷으로 사용합니다.

• 전체(최종) URL : http://tech.devgear.co.kr/delphi_news/rss

IdHTTP.Get 메소드로 XML 데이터 수신 후 XML 분석기(TXMLDocument)로 직접 분석해 목록을 표시하고 상세보기 기능을 구현하겠습니다.

01 File > New > Multi-Device Application - Delphi > Blank Application으로 새로운 프로젝트를 만듭니다. (스타일을 Android로 변경하고 폼크기를 모바일 비율로 조정합니다.)

02 다음 화면과 스트럭처 뷰 그리고 표를 참고해 UI를 완성합니다.
(TWebBrowser는 안드로이드와 iOS 플랫폼에서만 지원합니다. TWebBrowser 컴포넌트가 비활성화 되어 있으면, 타겟 플랫폼을 안드로이드 또는 iOS로 설정하고 추가합니다.)

상위 오브젝트	오브젝트	속성	값(또는 설명)
Form1	TabControl1		
TabControl1	TabItem1		
	TabItem2		
TabItem1	ToolBar1		
ToolBar1	Label1	Align	Contents
		Text	델파이 기술자료(JSON)
		TextSettings.HorzAlign	Center
	Button1	Align	Right
		StyleLookup	refreshtoolbutton
TabItem1	ListView1	Align	Client
TabItem2	ToolBar2		
ToolBar2	Label2	Align	Contents
		Text	글 제목이 표시됩니다.
		TextSettings.HorzAlign	Center
	Button2	Align	Left
		StyleLookup	arrowlefttoolbutton
TabItem2	WebBrowser1	Align	Client
Form1	ActionList1		
ActionList1	ChangeTabAction1	ActionList1 더블클릭 〉 New Standard Action 〉 TChangeTabAction 선택	
Form1	IdHTTP1		
	XMLDocument1	DOMVender	Omni XML

03 XML 데이터는 별도의 분석도구 없이 웹페이지를 통해 구조를 파악합니다.

- 웹 브라우저(크롬 브라우저, 인터넷 익스플로러 등)를 열고 주소(URL)에 http://tech.
devgear.co.kr/delphi_news/rss를 입력하고 이동합니다.

```
▼<rss xmlns:dc="http://purl.org/dc/elements/1.1/" xmlns:slash="http:/
  ▼<channel>
    ▼<title>
        <![CDATA[ 개발자 기술자료 ]]>
      </title>
      <link>http://tech.devgear.co.kr/delphi_news</link>
    ▶<description>...</description>
      <language>ko</language>
      <pubDate>Thu, 18 Dec 2014 18:08:37 +0900</pubDate>
      <lastBuildDate>Thu, 18 Dec 2014 18:08:37 +0900</lastBuildDate>
      <generator>XpressEngine</generator>
    ▼<item>
      ▼<title>
          <![CDATA[ VCL의 유용하지만 놓칠수 있는 기능 들 ]]>
        </title>
      ▼<dc:creator>
          <![CDATA[ Humphery ]]>
        </dc:creator>
        <link>http://tech.devgear.co.kr/408247</link>
        <guid isPermaLink="true">http://tech.devgear.co.kr/408247</guid
        <comments>http://tech.devgear.co.kr/408247#comment</comments>
      ▼<description>
        ▼<![CDATA[
            델파이 구루인 마르코칸투가 VCL 기능 중 놓치고 있을 법한 기능을 소개하는 글을
          ]]>
        </description>
        <pubDate>Fri, 12 Dec 2014 09:34:54 +0900</pubDate>
      </item>
    ▼<item>
      ▼<title>
          <![CDATA[ 델파이로 국제화된 다국어 애플리케이션 만들기 ]]>
        </title>
```

- <channel> 노드의 자식인 <item>노드가 가진 <title>, <link> 태그의 내용을 제목과
링크로 사용합니다.

04 IdHTTP 컴포넌트와 XMLDocument 컴포넌트를 이용해 웹 서버에서 XML 데이터를 받고,
분석(파싱)하는 코드를 입력합니다. 목록 화면의 갱신버튼(Button1)의 OnClick 이벤트 핸
들러를 생성하고 아래 코드를 입력합니다.

```
procedure TForm1.Button1Click(Sender: TObject);
var
  XmlData, title, link: string;
  I: Integer;
  Node, ItemNode: IXMLNode;
  ListViewItem: TListViewItem;
begin
  // IdHTTP 컴포넌트를 통해 기술자료를 문자열(string)로 받아옵니다.
  XmlData := IdHTTP1.Get('http://tech.devgear.co.kr/delphi_news/rss');
  // XML분석 컴포넌트에서 XML 데이터를 불러옵니다.
  XMLDocument1.LoadFromXML(XmlData);
```

```
    XMLDocument1.Active := True;

    // channel 노드를 찾습니다.
    Node := XMLDocument1.DocumentElement.ChildNodes.FindNode('channel');
    for I := 0 to Node.ChildNodes.Count - 1 do
    begin
      ItemNode := Node.ChildNodes.Get(I);
      // 자식 노드가 item인 항목의 title, link 값 사용
      if ItemNode.NodeName = 'item' then
      begin
        title := ItemNode.ChildValues['title'];
        link := ItemNode.ChildValues['link'];
        ListViewItem := ListView1.Items.Add;
        ListViewItem.Text := title;
        ListViewItem.Detail := link;
      end;
    end;
end;
```

05 Form1의 OnCreate, Button2의 OnClick, ListView1의 OnItemClick 이벤트 핸들러를 생성하고 아래 코드를 참고해 코드를 추가합니다.

```
procedure TForm1.FormCreate(Sender: TObject);
begin
  // 폼 생성(앱 시작) 시 탭 선택을 감추고 첫번 탭 표시
  TabControl1.TabPosition := TTabPosition.None;
  TabControl1.TabIndex := 0;
end;

procedure TForm1.ListView1ItemClick(const Sender: TObject;
  const AItem: TListViewItem);
begin
  // 목록 아이템 선택(클릭) 시 제목을 변경, 웹브라우저 URL 지정 후 실행
  Label2.Text := AItem.Text;
  WebBrowser1.URL := AItem.Detail;
  WebBrowser1.Navigate;
  WebBrowser1.Visible := True;

  // 2번째 탭(상세보기)로 이동
  ChangeTabAction1.Tab := TabItem2;
  ChangeTabAction1.ExecuteTarget(nil);
end;
```

```
procedure TForm1.Button2Click(Sender: TObject);
begin
  // < 버튼 클릭 시 1번째 탭(목록)으로 이동
  WebBrowser1.Visible := False;
  ChangeTabAction1.Tab := TabItem1;
  ChangeTabAction1.ExecuteTarget(nil);
end;
```

06 개발 과정이 완료되었습니다. 타겟 플랫폼을 안드로이드와 iOS로 설정 후 실행하고 테스트합니다. 목록 갱신 버튼으로 목록을 표시하고 목록을 선택하여 상세보기 화면으로, 그리고 이전(<)버튼으로 목록으로 이동해 봅니다.

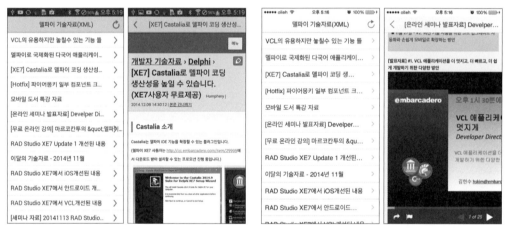

안드로이드폰 결과화면   iOS 결과화면

||||||| **따 라 하 기** ||||||||||||||||||||||||||||||||||||||||||||||||||||||||||||||||||

이번 따라하기에는 웹의 데이터 파일(이미지, 파일, 사운드 등)을 다운로드하는 예제를 진행합니다. 이 예제를 학습한다면 앱에서 필요한 이미지, 사운드 또는 파일 배포시 미리 포함하지 않고 필요할때 웹서비스를 통하여 다운로드 받아 사용할 수 있습니다. (배포시 앱의 크기를 줄일 수 있습니다.)

01 File > New > Multi-Device Application - Delphi > Blank Application을 선택해 새로운 프로젝트를 만듭니다.

02 폼 디자이너에 다음과 같은 컴포넌트를 추가하고 속성을 변경합니다.(이미지 파일의 URL은 변경하여 사용할 수 있습니다.)

상위 오브젝트	오브젝트	속성	값(또는 설명)
Form1	Layout1	Align	Top
		Height	48
Layout1	Edit1	Align	Client
		StyleLookup	searcheditbox
		Text	http://devgear.co.kr/images/embacardero_logo.png
	Button	Align	Right
		Text	다운
Form1	Image1	Align	Client
	StatusBar1	Align	Bottom
StatusBar1	Label	Align	Client
Form1	IdHTTP1		

03 Button1의 OnClick 이벤트 핸들러에 다음의 코드를 입력합니다.

```
procedure TForm1.Button1Click(Sender: TObject);
var
  Stream: TMemoryStream;
begin
  Stream := TMemoryStream.Create;
  try
    IdHTTP1.Get(Edit1.Text, Stream);
    Image1.Bitmap.LoadFromStream(Stream);
    Label1.Text := Stream.Size.ToString + ' bytes';
  finally
    Stream.Free;
  end;
end;
```

04 완성된 소스를 실행하고 다운 버튼을 눌러 테스트합니다.

REST 클라이언트와 IdHTTP 컴포넌트를 이용해 웹서비스 데이터를 모바일 앱에서 연동하는 방법을 진행해 보았습니다. 웹 서비스 연동은 이미 국내 외 여러 사이트들이 REST 기반 서비스를 제공하고 있고, 최근에는 사내 시스템을 웹 서비스로 구축하는 사례도 많아지고 있어 앞으로 활용도는 더욱 높아질 것으로 예상되므로 활용 방법을 잘 익혀 두시기 바랍니다.

5장

Cloud Service(BaaS)의 활용

다양한 클라우드 서비스 중 하나인 BaaS를 델파이를 통해 이용하는 방법을
학습합니다.(델파이에서는 XE6 버전부터 BaaS Client Component를
제공합니다.)

1. BaaS(Backend as a Service) 이해

BaaS는 Backend as a Service의 약자로 백엔드 기능을 제공하는 서비스입니다.

BaaS를 이해하기 위해서는 백엔드에 대한 이해가 필요합니다. 백엔드에 대한 쉬운 이해를 위해
모바일 앱 만드는 과정을 통해 살펴보겠습니다. 모바일 앱을 만드는 과정을 큰 맥락으로 살펴보
면 UI를 만들고, 서버에서 데이터를 받아 UI에 표시합니다. 그리고 사용자가 입력한 데이터를
서버에 저장하고, 로그인, 회원 가입 등의 회원 인증 기능을 추가해 완성합니다.

이러한 모바일 앱에 필요한 기능을 프론트엔드(FrontEnd)와 백엔드(BackEnd) 기능으로 구분할
수 있습니다. 프론트엔드는 단어의 뜻과 같이 사용자와 마주하는 디바이스 영역으로 사용자의
입력에 반응합니다. 백엔드는 프론트엔드에서 전달된 정보를 받아서 뒤에서 처리하는 서버 영
역입니다. 회원가입의 경우 가입신청서 작성은 프론트엔드에서 이루어지지만 가입처리는 백엔
드에서 수행됩니다.

BaaS는 모바일 앱의 백엔드 기능인 데이터를 제공하고 회원 인증을 하는 작업을 클라우드 기반
으로 제공합니다. BaaS를 사용하는 이유는 새로운 서비스 개발 시 필요한 백엔드 기능을 매번
새로 개발한다는 것은 큰 부담이기 때문입니다. (하드웨어 서버를 마련하고 DBMS를 설치하고,
프로그램 개발과 테스트하는 과정은 많은 공수가 필요합니다.) BaaS는 이런 부담되는 작업 없
이 SDK와 JSON등의 표준화된 API로 백엔드 서비스를 이용하고, 이용량에 따라 과금되는 방식
입니다. (과금 방식은 서비스에 따라 달라질 수 있습니다.)

BaaS에서는 공통적으로 아래와 같은 기능을 제공합니다.

- 사용자 인증, 가입 등의 사용자 관리
- 데이터와 이미지, 사운드 등의 파일 관리
- 데이터 변경에 비지니스 로직 제공
- 원격 푸쉬 메시지(GCM, APN)
- SNS 연동 등

1.1. BaaS 클라이언트 컴포넌트

델파이에서는 BaaS에 접속할 수 있는 BaaS 클라이언트 컴포넌트를 제공합니다. BaaS 클라이언트 컴포넌트는 아래와 같이 기능 컴포넌트와 제공자 컴포넌트를 제공합니다.

● BaaS 기능 컴포넌트

	컴포넌트	용도
	TBackendUsers	사용자 등록, 로그인, 검색, 정보갱신, 삭제
	TBackendFiles	파일 및 스트림의 업로드, 다운로드, 삭제
	TBackendStorage	데이터 생성, 검색, 업데이트 삭제
	TBackendQuery	데이터 및 사용자 조회
	TBackendPush	푸시 알림 보내기
	TPushEvent	모바일에서 푸시 알림 수신

● BaaS 제공자 컴포넌트

	컴포넌트	용도
	TKinveyProvider	Kinvey 제공자(www.kinvey.com)
	TParseProvicer	Parse 제공자(www.parse.com)

2. 원격 푸쉬 알림(GCM, APN) 구현하기

TBackendPush와 TPushEvent 컴포넌트를 이용해 원격 푸쉬 메시지 전송하고 수신하는 기능을 BaaS 제공자 중 하나인 Kinvey를 이용해 만드는 학습을 따라하기를 통하여 진행하겠습니다. 원격 푸쉬 알림은 안드로이드의 GCM(Google Cloud Messaging)과 iOS의 APN(Apple Push Notification)을 이용하며 따라하기는 다음과 같이 3단계로 진행합니다.

1. 메시지 서비스(구글 개발자 콘솔, 애플 개발자 프로그램) 설정하기
2. BaaS 클라우드(Kinvey.com) 서비스 설정하기
3. 원격 푸쉬 알림 수신하는 모바일 앱 만들기

안드로이드의 GCM 서비스를 이용하기 위한 구글 개발자 콘솔 설정 따라하기와 iOS APN 서비스를 이용하기 위한 애플 개발자 프로그램(Apple의 iOS 개발자 등록이 되어 있어야 함) 설정 따라하기 두 가지를 진행하겠습니다.

2.1. 구글 메시지 서비스 설정하기

|||||||| **따 라 하 기** ||||||||||||||||||||||||||||||||||||||||||||||||||||||||||||||||||||||

이번 따라하기는 구글 안드로이드 폰으로 원격 푸쉬 메시지를 전송하기 위한 메시지 서비스를 설정합니다. (이 과정은 구글 계정이 필요하며 안드로이드 개발자 계정이 없어도 진행할 수 있습니다. 구글 개발자 콘솔의 UI와 진행 절차는 구글 정책에 따라 변경될 수 있습니다)

● 구글 개발자 콘솔 설정

01 구글 개발자 콘솔(https://console.developers.google.com/project)로 이동합니다. 구글 계정으로 로그인 합니다.

02 Create Project 버튼을 클릭합니다.

03 Project Name에 'PushNotification'으로 입력하고 **Create** 버튼을 클릭합니다.

04 프로젝트 생성이 완료 되면 Project ID와 Project Number가 생성됩니다.
(이 Project ID는 앞으로 Kinvey 사이트에 등록할 항목입니다. Project Number는 앱 제작 시 GCMAppID 항목으로 사용됩니다.)

05 왼쪽 메뉴 중 APIs & auth에서 APIs 메뉴를 선택하고, 목록에서 Google Cloud Messaging for Android 항목을 선택합니다.

06 OFF로 되어 있는 버튼을 눌러 ON 상태로 변경합니다.

07 왼쪽 메뉴 중 Credentials(사용자 인증정보) 메뉴를 선택하고 Public API access 항목 아래의 Create new Key 버튼을 누릅니다. 그리고 Server key를 누릅니다.

08 이후 허용 IP 입력란에 0.0.0.0/0을 입력하고 Create 버튼을 누릅니다.

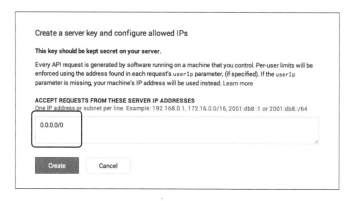

09 새로운 Public API access 키가 생성됩니다. API key는 다음 단계에서 필요합니다.

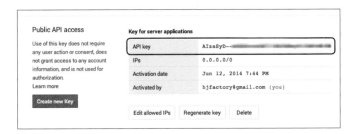

메시지 서비스 설정 단계가 완료되었습니다. 4 단계의 Project ID와 9 단계의 API key는 다음 단계(Kinvey 설정)에서 사용되므로 잘 기억해 둡니다.

2.2. 애플 메시지 서비스 설정하기

|||||||| **따 라 하 기** ||||||||||||||||||||||||||||||||||||||||||||||||||||||||||||||||||||||||||||

이번 따라하기는 iOS 모바일 앱 개발이 필요한 경우 진행합니다. 애플 메시지 서비스를 사용하기 위해서는 iOS 개발자 프로그램에 등록되어 있어야 합니다. 자세한 내용은 "한 번에 개발하는 안드로이드/iOS 앱 with 델파이 - 1편 기초다지기"의 부록 3장 "iOS 앱 개발 환경 설정과 디바이스 연결"을 참고하기 바랍니다. (iOS개발자 프로그램의 UI 및 절차는 애플의 정책에 따라 변경될 수 있습니다)

● iOS 개발자 프로그램에서 앱 ID 생성하기

01 iOS Developer Program > Certificates, Identifiers & Profile > Identifiers > App IDs 페이지(https://developer.apple.com/account/ios/identifiers/bundle/bundleList.action)에서 우측의 + 버튼을 클릭합니다.

02 Registering an App ID 페이지에서 **App ID Description** — **Name**과 **App ID Suffix** — **Bundle ID**
을 입력하고 **App Services** — **Push Notification** 항목을 선택

- App ID Description — Name : 앱을 구분하기 위한 이름 입력(예: "Devgear Push Notification")
- App ID Suffix — Bundle ID : 고유식별자 입력, 일반적으로 도메인을 거꾸로 입력후 마지막을 앱
  이름으로 마무리 (예: "kr.co.devgear.pushnotification")

03 **Continue** 버튼 클릭하면 앱 ID 등록이 완료됩니다. (**Done** 버튼으로 목록으로 이동)

● 인증서 만들기

04 App IDs 목록에서 앞에서 만든 항목 선택 후 **Edit** 버튼을 클릭합니다.

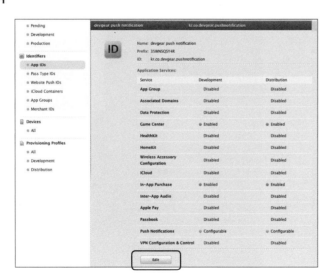

05 Development SSL Certificate 항목의 **Create Certificate…** 버튼을 클릭합니다.

06 About Creating a Certificate Signing Request (CSR) 페이지에서 **Continue**를 클릭합니다.

07 맥의 응용 프로그램에서 키체인 접근을 실행하고, 메인메뉴 > 인증서 지원 > 인증 기관에서 인증서 요청… 메뉴를 선택합니다.

08 인증서 지원 화면에서 사용자 이메일 주소와 일반 이름을 입력 후 **디스크에 저장됨** 항목 선택 후 **계속** 버튼을 클릭합니다.

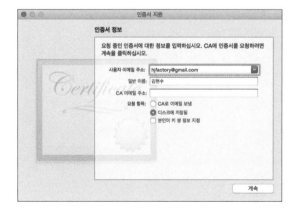

09 파일 이름을 지정하고 CSR 파일(*.certSigningRequest)을 저장합니다.

10 다시 애플 개발자 프로그램 웹사이트로 돌아와 Choose Files 버튼을 클릭하고 앞에서 저장한 CSR 파일을 선택 후 Generate 버튼을 클릭합니다.

11 Download 버튼을 클릭해 인증서를 다운로드 받습니다.

12 다운로드 받은 인증서를 더블 클릭하여 시스템에 설치합니다.

● 프로비저닝 프로파일 만들기

13 iOS provisioning profiles(Provisioning Profiles > All) 우측의 + 버튼을 클릭합니다.

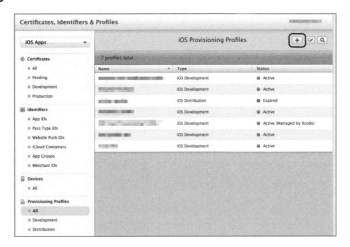

14 Add iOS Provisioning Profile 페이지에서 iOS App Development를 선택 후 Continue 버튼을 클릭합니다.

15 이전단계에서 만든 App ID를 선택합니다.

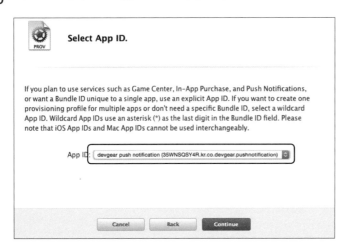

16 프로필을 사용할 사용자 목록을 선택하고 Continue 버튼을 클릭합니다.

17 프로필 장치 목록을 선택하고 Continue 버튼을 클릭합니다.

18 프로필 이름을 지정하고 Generate 버튼을 클릭합니다.

19 완성된 프로필을 다운로드합니다. 이 프로필을 더블 클릭하면 iPhone 구성 유틸리티에 프로필이 등록됩니다.

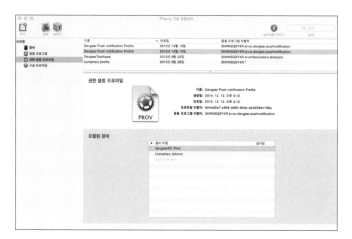

● .p12 인증서 내보내기

20 맥의 키체인 접근에서 인증서를 선택하고 오른쪽 마우스 버튼을 클릭해 "〈인증서 이름〉 보내기" 메뉴를 선택합니다.

21 인증서를 저장합니다. 저장 시 암호를 입력합니다.

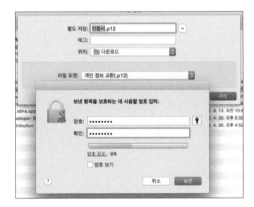

2.3. BaaS 클라우드 서비스(Kinvey.com) 설정

01 Kinvey 사이트(www.kinvey.com)로 이동 후 회원 가입 및 로그인합니다. (Kinvey 사이트의 UI와 진행 절차는 Kinvey 사이트 정책 상 변경될 수 있습니다)

02 우측 상단의 New App 버튼을 클릭해 새로운 앱을 생성합니다.

03 새로운 백엔드 앱의 이름을 'PushNotification' 으로 입력하고, REST API를 선택 후 Create App 버튼을 클릭합니다.

04 앱이 생성되면, 개발화면 콘솔 페이지(Environments > Development 클릭)로 이동합니다. 상단 3개의 키(APP ID, APP SECRET, MASTER SECRET)는 GCM 수신 모바일 앱 개발 시 에 사용됩니다. (이곳에서 확인할 수 있다는 것을 기억하시기 바랍니다.)

05 왼쪽 메뉴에서 Push 메뉴를 선택합니다. 푸쉬 메시지 설정을 위해 Configure Push 버튼을 클릭합니다. (중앙 또는 우측 상단에 위치합니다.)

06 안드로이드 푸쉬 설정을 입력
합니다.

- Project ID : 2.1절(구글 메시지 서비스 설정하기)의 4단계 Project ID 입력
- API Key : 2.1절(구글 메시지 서비스 설정하기)의 9단계 API Key 입력
- Save Android 버튼 클릭

07 iOS 푸쉬 설정을 합니다.

- iOS 메시지 서비스 설정 마지막 단계의 인증서(*.p12)를 하늘색 영역으로 드래그합니다.
- .p12 파일 저장 시 비밀번호 입력
- Save iOS 버튼 클릭(만약, 결과가 표시되지 않으면, 다른 메뉴로 이동 후 다시 들어보면 결과가 보입니다.)

08 좌측 메뉴의 User 클릭 후 Add User 버튼을 클릭합니다. (원격 푸시 메시지 전송시 전송자로 사용할 계정 필요)

- Username: testuser
- Password : testuser
- Create User 버튼을 클릭합니다.

2.4. GCM 수신 앱개발

||||||| **따 라 하 기** ||||||||||||||||||||||||||||||||||||||||||||||||||||||||||||||||||||

● UI 및 기능 구현

01 File > New > Multi-Device Application – Delphi > Blank Application을 선택합니다.

02 폼에 TMemo를 추가하고 Align 속성을 Client로 지정합니다.

03 폼에 TKinveyProvider와 TPushEvents 컴포넌트를 추가 후 속성을 설정합니다.

컴포넌트	속성	값
TKinveyProvider	AndroidPush. GCMAppID	"2.1 구글 메시지 서비스 설정 4 단계" 의 Project Number 항목을 입력
	AppKey	"2.3 BaaS 클라우드 서비스 설정 4 단계" 의 3가지 키를 참고해 입력
	AppSecret	
	MasterSecret	
	UserName	"2.3 BaaS 클라우드 서비스 설정 8 단계" 의 사용자 계정입력 (testuser / testuser)
	Password	
TPushEvents	AutoActivate	True
	Provider	KinveyProvider1

04 PushEvents1의 4가지 이벤트 핸들러를 생성하고 다음 코드를 참고해 구현합니다.

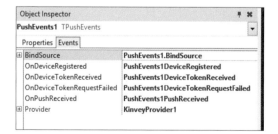

```
procedure TForm1.PushEvents1DeviceRegistered(Sender: TObject);
begin
  Memo1.Lines.Add('디바이스가 등록되었습니다.');
  Memo1.Lines.Add('');
end;

procedure TForm1.PushEvents1DeviceTokenReceived(Sender: TObject);
begin
  Memo1.Lines.Add('디바이스 토큰을 받았습니다.');
  Memo1.Lines.Add('');
end;

procedure TForm1.PushEvents1DeviceTokenRequestFailed(Sender: TObject;
  const AErrorMessage: string);
begin
  Memo1.Lines.Add('디바이스 토큰 요청을 실패했습니다.');
  Memo1.Lines.Add(AErrorMessage);
  Memo1.Lines.Add('');
end;

procedure TForm1.PushEvents1PushReceived(Sender: TObject;
  const AData: TPushData);
begin
  Memo1.Lines.Add('디바이스 푸시데이터를 받았습니다.');
  Memo1.Lines.Add(AData.Message);
  Memo1.Lines.Add('');
end;
```

● 안드로이드 권한 설정하기

05 타겟 플랫폼을 안드로이드로 설정합니다.

06 프로젝트 옵션(Project > Options)의 Entitlement List 메뉴를 선택하고 Receive push notifications 항목을 true로 변경합니다. (Target은 Android platform 이어야 합니다.)

07 앱이 실행되지 않은 상태에서도 원격 푸쉬 메시지를 수신하기 위해서는 안드로이드 서비스 클래스를 등록해야 합니다. (앱이 실행된 상태에서만 메시지 수신을 원한다면 이단계를 생략할 수 있습니다.)

- Project Manager에서 프로젝트를 우측 마우스 버튼 클릭 후 Add 메뉴를 선택합니다.

- 파일 타입을 Any file(*.*)로 선택 후 AndroidManifest.template.xml 파일을 선택합니다. (만약 AndroidManifest.template.xml이 없다면 대화 상자를 닫고, 안드로이드 타겟으로 컴파일 후 다시 시도합니다. 컴파일 시 xml파일이 자동 생성됩니다.)

- AndroidManifest.template.xml 파일을 열고 〈%receivers%〉 코드 아래에 다음과 같이 추가합니다.

```
<service android:name="com.embarcadero.gcm.notifications.GCMIntentService" />
```

```
30              <action android:name="android.intent.action.MAIN" />
                <category android:name="android.intent.category.LAUNCHER" />
            </intent-filter>
        </activity>
        <%activity%>
        <receiver android:name="com.embarcadero.firemonkey.notifications.FMXNotificatio
        <%receivers%>
        <service android:name="com.embarcadero.gcm.notifications.GCMIntentService" />
    </application>
</manifest>
40  <!-- END_INCLUDE(manifest) -->
```

● iOS 권한 설정

08 타겟 플랫폼을 iOS로 설정합니다.

09 프로젝트 옵션(Project > Options)의 Entitlement List 메뉴를 선택하고 Receive push notifications 항목을 true로 변경합니다.

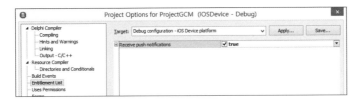

10 프로젝트 옵션(Project > Options)의 Version Info 메뉴를 선택하고 CFBundleIdentifier 항목을 "2.2 애플 메시지 서비스 설정하기-2단계"의 Bundle ID를 입력합니다.

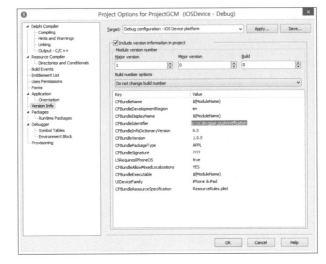

11 BaaS 클라이언트 라이브러리에서 REST API는 Https(Secure Http)를 이용합니다. Https로 요청하려면 iOS 앱은 OpenSSL을 지원해야 합니다. 아래 과정을 참고해 iOS용 OpenSSL을 설치하시기 바랍니다.

- 인디 SSL 라이브러리 다운로드 페이지(http://indy.fulgan.com/SSL/)에 접속합니다.
- 목록 중 OpenSSLStaticLibs.7z 파일을 다운로드 합니다.

```
Tuesday, April 08, 2014 12:18 AM    1075268  openssl-1.0.1g-x64 86-win64.zip
Wednesday, June 11, 2014  8:18 AM     987041  openssl-1.0.1h-i386-win32.zip
Wednesday, June 11, 2014  8:23 AM    1075921  openssl-1.0.1h-x64 86-win64.zip
Friday, August 08, 2014  1:06 PM      987791  openssl-1.0.1i-i386-win32.zip
Friday, August 08, 2014  1:09 PM     1076856  openssl-1.0.1i-x64 86-win64.zip
Wednesday, October 15, 2014  6:42 PM  990009  openssl-1.0.1j-i386-win32.zip
Wednesday, October 15, 2014  6:45 PM 1078999  openssl-1.0.1j-x64 86-win64.zip
Thursday, April 24, 2014 11:11 AM    3073285  OpenSSLStaticLibs.7z
```

12 압축을 해제하고 델파이 라이브러리 경로에 libcrypto.a, libssl.a 두개의 파일을 복사합니다. (Tools > Options > Environment Options > Delphi Options > Library에서 라이브러리 경로 확인)

● 배포와 테스트

13 개발과 권한 설정이 완료되었습니다. 안드로이드와 iOS 플랫폼으로 앱을 실행(배포)합니다.

14 원격 푸쉬메시지 전송 테스트는 Kinvey 사이트에서 제공하는 푸쉬 기능을 이용합니다.

A. Kinvey 사이트로 돌아가 좌측 메뉴 중 Push 메뉴를 선택합니다.

B. 메시지를 입력하고 Send Push 버튼을 클릭합니다.

15 안드로이드와 iOS 기기를 확인하고 메시지 수신을 확인합니다. 앱이 종료된 상태에서 메시지 수신을 확인하기 위해 앱을 완전히 종료한 후 메시지를 전송하고 다시 확인해 봅니다.

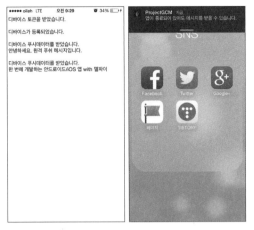

iOS 결과화면

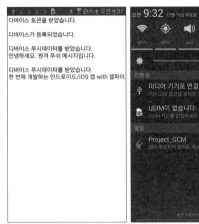

안드로이드 결과화면

 Tip

TNotificationCenter 컴포넌트로 알림센터 제어하기

델파이는 알림센터와 아이콘 배지를 제어할 수 있는 TNotificationCenter 컴포넌트를 제공합니다. TNotification Center 컴포넌트를 활용해 더 다양한 방식으로 사용자에게 알림 메시지를 전달 할 수 있습니다.

● 배지 번호 제어하기

배지 번호를 설정하고 현재 배지 번호를 조회 할 수 있습니다.

```
procedure TSettingBadgeNumberForm.btnSetBadgeNumberClick(Sender: TObject);
begin
  { set Icon Badge Number }

  if NotificationC.Supported then
    NotificationC.ApplicationIconBadgeNumber := Trunc(nbBadgeNumber.Value);
end;

function TSettingBadgeNumberForm.GetBadgeNumber;
begin
  Result:= NotificationC.ApplicationIconBadgeNumber;
end;
```

위 소스 코드는 델파이 기본 샘플에 포함되어 있습니다.

- Samples₩Object Pascal₩Mobile Snippets₩Notifications₩SetResetBadgeNumber

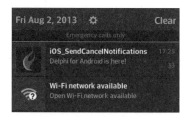

● 알림센터 제어하기

알림센터에 알림 메시지를 표시하고 취소하고 예약할 수 있습니다.

```
procedure TNotificationsForm.btnSendNotificationImmediatelyClick(
  Sender: TObject);
var
  Notification: TNotification;
begin
  { verify if the service is actually supported }
  if NotificationC.Supported then
  begin
    Notification := NotificationC.CreateNotification;
    try
      Notification.Name := 'MyNotification';
      Notification.AlertBody := 'Delphi for Mobile is here!';
      Notification.FireDate := Now;

      { Send notification in Notification Center }
      NotificationC.ScheduleNotification(Notification);
      { also this method is equivalent }
      // NotificationService.PresentNotification(Notification);
    finally
      Notification.DisposeOf;
    end;
  end
end;
```

위 소스코드는 델파이 기본 샘플에 포함되어 있습니다.

- Samples₩Object Pascal₩Mobile Snippets₩Notifications₩SendCancelNotification

위 샘플 외에 엠바카데로 기술 문서의 모바일 튜토리얼을 통해 TNotificationCenter 컴포넌트에 대해 추가 학습할 수 있습니다.(XE7 기준)

- http://docwiki.embarcadero.com/RADStudio/XE7/en/Mobile_Tutorial:_Using_Notifications_(iOS_and_Android)

원격 푸쉬 알림 수신 기능을 개발해 봤습니다. 따라하기에서는 테스트 과정을 Kinvey 사이트에서 진행했습니다. 다음 따라하기에서는 델파이 앱에서 원격 푸쉬 알림을 전송해 봅니다.

|||||||| **따 라 하 기** ||||||||||||||||||||||||||||||||||||||||||||||||||||||||||||||||||

01 File > New > Multi-Device Application - Delphi > Blank Application을 선택해 프로젝트를 생성합니다.

02 아래의 스트럭쳐 뷰와 화면을 참고해 UI를 구성합니다. (KinveyProvider1 컴포넌트는 이전 따라하기에서 복사해 붙여넣기 합니다.)

03 푸쉬 메시지 전송을 위해서는 KinveyProvider1의 PushEndpoint 속성을 설정해야 합니다. Kinvey 사이트로 이동 후 **Business Logic** 메뉴를 선택합니다. Endpoints 항목에 마우스를 대면 + 버튼이 표시되고 + 버튼을 클릭해 Add Custom Endpoints 창을 표시합니다.

04 Endpoint name 항목(우측항목)에 'MyMessage'를 입력하고 Add Custom Endpoint 버튼을 클릭합니다.

05 endpoints/MyMessage.js 입력창이 나오면 아래 코드를 입력하고 Save 버튼을 눌러 저장합니다.

06 다시 델파이 IDE로 돌아와 KinveyProvider1.PushEndpoints 속성에 'MyMessage'를 입력합니다.

07 BackendPush1 컴포넌트의 Provider 속성을 KinveyProvider1으로 설정합니다.

08 개발이 완료되었습니다. Win32, 안드로이드, iOS로 플랫폼을 설정하고 제목과 내용을 입력 후 푸쉬 메시지 전송 버튼을 클릭하면 앞의 따라하기 앱에 메시지가 표시됩니다.

이렇게 원격 푸쉬 알림 수신을 위해 메시지 서비스 설정, BaaS 클라우드 서비스 설정, 원격 푸쉬 알림 모바일 앱 개발을 진행하고, BaaS 사이트와 델파이 앱에서 전송 테스트까지 마쳤습니다. 원격 푸쉬 알림을 이용하면 원하는 시점에 모바일 사용자에게 메시지를 전송할 수 있어 아주 유용하게 사용할 수 있는 기능입니다.

지금까지 학습한 바와 같이 BaaS는 제공하는 다양한 기능과 인터페이스를 이용해 웹서비스에서 원격 푸쉬 알림을 전송할 수도 있고 특정 사용자에게 알림을 전송(http://tech.devgear.co.kr/404318)할 수도 있습니다. 자세한 사항은 각 BaaS 사이트의 도움말과 튜토리얼 문서 등을 통해 추가 학습해보시기 바랍니다.

PART 03

FireMonkey 3D 활용

파이어몽키의 각종 3D 오브젝트를 다루어봅니다
3D 오브젝트의 조명, 재질, 이동, 회전을 구현합니다.
3D 오브젝트에 애니메이션 효과를 부여합니다.
3D를 기능을 응용하여 멋진 UI를 구현해 봅니다.

M o b i l e   A p p

6장

FireMonkey 3D 오브젝트와 좌표계 이해

이 장에서 파이어몽키에서 제공하는 3D의 장점과 특징에 대해서 알아보고 모바일 환경에서 활용가능한 여러가지 기법들을 배워봅니다.
다양한 3D 오브젝트를 이용하고 조명(Light), 재질(Material), 이동, 회전 등을 구현해봅니다.

모바일 앱은 일반적인 윈도우 앱과는 달리 화면 터치, 축소/확대, 이동, 화면 전환 등 UI에 있어서 다양한 효과가 필요합니다. 이러한 다양한 효과를 적용하는데 있어서 3D 기능은 자주 사용되고 있으며 이를 잘 활용하면 차별화될 수 있는 앱을 구현할 수 있습니다.

다른 개발툴의 경우에는 3D를 활용하기 위해서 별도의 외부 라이브러리를 사용해야 하고 3D 오브젝트의 터치 이벤트를 구현하는 것도 복잡한 알고리즘을 직접 구현해야 하지만, 델파이는 높은 수준의 3D 환경을 기본적으로 제공하며 터치 이벤트 등을 포함한 각종 이벤트 핸들러도 제공되므로 사용하기도 쉽습니다. 3D를 적절히 사용하게 되면 더욱 멋진 UI의 앱을 개발할 수 있습니다.

1. 파이어몽키 3D 맛보기

델파이 모바일 앱에서 3D를 구현하는 방법은 2D 구현과 크게 다를 바 없이 동일한 방법으로 만들수 있습니다. 메인 메뉴 File > New > Multi-Device Application - Delphi (XE6 이하버전은 FireMonkey Mobile Application - Delphi)를 선택한 후 3D Application 항목을 선택하면 됩니다.

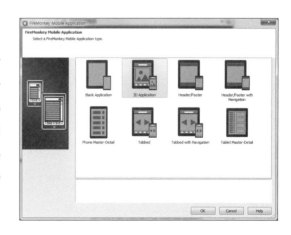

3D Application 항목을 선택하여 프로젝트를 생성한 후 기본으로 생성된 Unit1.pas를 열어보면 아래와 같이 Form1이 TForm3D를 상속받아 만들어진 클래스임을 알 수 있습니다.

```
unit Unit1;
interface
uses
  System.SysUtils, System.Types, System.UITypes, System.Classes, System.
Variants,
  FMX.Types, FMX.Controls, FMX.Forms3D, FMX.Forms, FMX.Graphics, FMX.Dialogs;
type
TForm1 = class(TForm3D)    //Tfrom3D 상속
  private
    { Private declarations }
  public
    { Public declarations }
  end;
var
  Form1: TForm1;
implementation
{$R *.fmx}
end.
```

그럼 이제 폼 디자이너로 돌아와서 생성된 3D 폼에 3D 오브젝트를 배열해 보겠습니다.

먼저 오브젝트 인스펙터에서 Form1의 속성 중 **Color** 항목을 선택하여 색상을 **Black**으로 바꿔줍니다. Form1의 배경 색상을 검정 바탕으로 처리하게 되면 배치되는 3D 오브젝트들이 더욱 돋보이는 효과가 있어 이후 이 책에서 소개되는 3D 프로젝트는 특별한 경우가 아니면 배경 색상을 검정으로 설정하도록 하겠습니다.

다음으로 툴 팔레트에서 **3D Shapes**의 TGrid3D 항목을 더블 클릭하여 Form1에 추가합니다.

TGrid3D는 Grid3D1이라는 이름으로 디자인 화면에 추가되는데 오브젝트 인스펙터에서 Grid3D1의 Properties 탭을 선택한 후 속성을 다음과 같이 변경해 줍니다.

컴포넌트	속성	값
TGrid3D	Width	10
	Height	10
	RotaionAngle.X	90

설정이 되면 그림과 같이 TGrid3D가 3D 폼에 배치됩니다. 프로젝트를 실행시켜 모바일 단말기에서 정상적으로 화면이 잘 나오는지 확인해 보시기 바랍니다.

TGrid3D는 3D 화면의 원근감을 나타내 주고 좌표의 위치를 표시해주는 역할을 하는 컴포넌트로써 3D 화면 구성 시 자주 사용됩니다.

이제 서론에서 언급했듯이 다른 개발툴에서는 복잡하고 어려운 터치 이벤트 동작을 어떻게 구현하는지 살펴보도록 하겠습니다.

델파이 IDE 화면에서 오브젝트 인스펙터의 **Events** 탭을 선택하여 Grid3D1에 **OnClick** 이벤트 핸들러를 만들어 보겠습니다. 다른 기본 오브젝트들과 동일한 방식으로 OnClick 항목을 더블 클릭하면 아래와 같이 TForm1.Grid3D1Click 프로시저가 만들어집니다. 여기에 다음과 같이 간단하게 ShowMessage를 입력한 후 실행시켜 봅시다.

```
procedure TForm1.Grid3D1Click(Sender: TObject);
begin
ShowMessage('3D Object Touch Test');
end;
```

프로젝트를 실행하여 모바일 단말기에서 TGrid3D의 터치 이벤트가 정상적으로 작동하는지 확인합니다.

이와 같이 델파이 파이어몽키의 3D 오브젝트들은 델파이에서 제공하는 다른 오브젝트들과 비슷하게 터치 이벤트를 비롯하여 다양한 이벤트 핸들러를 제공해 주기 때문에 손쉽게 3D 오브젝트를 활용한 앱을 개발할 수 있는 장점을 가지고 있습니다. 이와 같은 장점을 잘 활용하면 멋지고 다양한 3D 앱을 제작할 수 있습니다.

2. 3D Form을 구성하는 두 가지 방법

이 절에서는 3D 앱을 만들기 위해 사용하는 3D 폼의 두 가지 구성 방법에 대하여 알아봅니다. 첫 번째 방법은 앞 절에서 이미 설명한 것처럼 프로젝트 생성 초기, 또는 폼 생성 시에 TForm3D에서 상속받은 3D 폼을 만드는 것입니다. 이 방법은 화면 전체를 3D 화면으로 사용하게 되므로 기본적으로 이곳에는 2D 오브젝트를 배열할 수는 없습니다. 전체 화면을 3D 화면으로 사용한 경우에 2D 오브젝트를 배열하는 방법은 나중에 설명을 하기로 하고 이번 절에서는 두 번째 방법으로 2D 폼에 3D 화면과 오브젝트들을 구성하는 방법을 살펴 보겠습니다.

따 라 하 기

01 File > New > Multi-Device Application - Delphi (XE6 이하버전은 FireMonkey Mobile Application - Delphi) > Blank Application으로 새로운 프로젝트를 생성합니다.

02 툴 팔레트에서 TViewport3D 컴포넌트를 찾아서 선택한 후 디자인 화면에 추가하고 이름을 'MViewport3D'로 변경합니다.

03 메인 폼 하단에 TStatusBar를 배치하고 Height를 '55'로 지정합니다. (Tip! Align 디펄트 속성은 Bottom이므로 자동으로 하단에 배치됨)

04 TStatusBar 위에 TButton을 하나 배치합니다.

05 MViewport3D의 Align 속성을 Client로 지정하고 Color를 Black으로 설정합니다.

06 앞 절에서 배운대로 TGrid3D 오브젝트를 배치하되 이번에는 MViewport3D 위에 배치합니다. 구조상 MViewport3D의 하위 오브젝트, 즉 자식 오브젝트로 TGrid3D가 배치되어야 합니다. 이름은 'MyGrid3D'로 변경합니다.

07 MyGrid3D의 속성들을 다음과 같이 지정합니다.

컴포넌트	속성	값
TGrid3D	Width	10
	Height	10
	RotaionAngle.X	90

08 그림과 같은 모습으로 배치된 것을 확인해 봅니다.

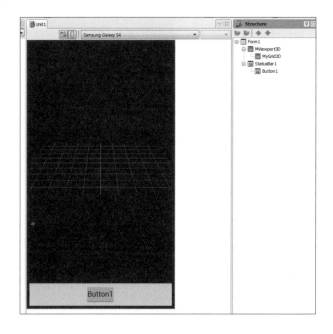

09 버튼의 OnClick 이벤트를 생성하여 아래와 같이 작성합니다.

```
procedure TForm1.Button1Click(Sender: TObject);
begin
MyGrid3D.RotationAngle.X := MyGrid3D.RotationAngle.X + 20;
end;
```

10 실행한 후 버튼을 클릭하여 동작시켜 봅시다.

이와 같이 TViewport3D 오브젝트는 기존 2D 모바일 폼 위에 3D 화면을 구성할 수 있도록 해주며 다른 2D 오브젝트들과 병행 사용이 가능하므로 화면 구성이 매우 용이한 장점을 가지고 있습니다. 다른 오브젝트들과 동일하게 Align이나 Visible 속성을 지정하여 필요에 따라 화면에 표출하는 방식을 다양하게 구현 할 수 있습니다. 또한 TViewport3D 오브젝트 자체는 2D 오브젝트의 성격을 그대로 가지고 있기 때문에 그림과 같이 3D 화면 위에 직접 2D 버튼 등을 배치하는 방식으로도 구성이 가능하므로 다양한 방식으로 응용해 보시기 바랍니다.

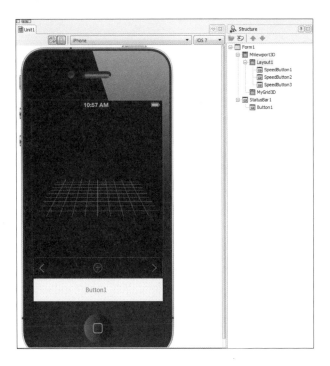

3. 여러가지 3D 오브젝트 다루기

이 절에서는 파이어몽키에서 제공하는 다양한 3D 오브젝트들을 살펴보도록 하겠습니다.

‖‖‖‖‖‖‖ **따 라 하 기** ‖‖‖

01 앞 절에서 학습한 Sample 프로젝트를 오픈하세요. 필요 시 별도의 이름으로 저장합니다.

02 툴 팔레트의 **3D Shapes** 탭이나 오브젝트 인스펙터에서 **TCube**를 찾아 폼 위에 배치하되 MViewport3D의 하위 오브젝트로 배치하고 이름을 'BaseCube'로 지정합니다.

03 BaseCube의 속성을 아래와 같이 지정합니다.

컴포넌트	속성	값
	Depth	8
	Height	0.5
TCube	Width	8
	Position.Y	0.5

04 다음에는 **TCylinder**를 역시 MViewport3D의 하위 오브젝트로 배치하고 다음과 같이 속성을 지정합니다. 이름은 그대로 'Cylinder1'을 사용합니다. 이후부터 생성되는 3D 오브젝트들도 별도 언급이 없으면 모두 MViewport3D의 하위 오브젝트로 배치합니다.

컴포넌트	속성	값
	Depth	1
	Height	4
	Width	1
TCylinder	Position.X	3
	Position.Y	−2
	Position.Z	3

05 현재까지는 3D 오브젝트들이 단순한 빨간색으로 표시되고 있는데 이제 조명을 주어 3D 효과를 주겠습니다. 조명에 대한 설명은 다음 장에서 상세히 다룰 예정이니 여기에서는 일단 예제대로 따라해 보겠습니다. 다음은 오브젝트 인스펙터에서 TLight 오브젝트를 찾 아 배치하고 다음과 같이 속성을 지정합니다.

컴포넌트	속성	값
TLight	Position.Y	–7
	LightType	Point

06 TLightMaterialSource를 배치합니다. 실행 시 화면에는 보이지(Visible) 않는 오브젝트이므 로 위치는 상관없습니다. (TLightMaterialSource의 자세한 설명은 다음 장에서 다룰 예정 이므로 여기에서는 그대로 따라해 봅니다.)

07 기존에 배치한 Basecube와 Cylinder1의 속성 중 MaterialSource 항목을 방금 배치한 LightMaterialSource1으로 적용합니다.

08 일단 여기까지 작업이 완료되면 다음과 같이 배치되었는지 확인하고 앱을 실행시켜 봅니다.

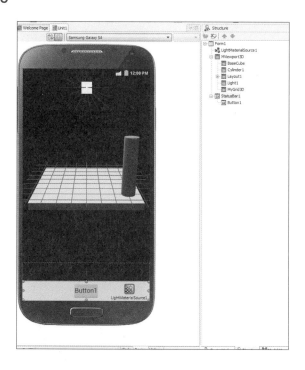

따라하기 실습을 해보시면서 이해가 되셨겠지만 3D 오브젝트들은 Width, Height, Depth의 속성에 따라 각각 x, y, z 방향으로 길이를 설정할 수 있습니다. 좌표계는 x, y 방향은 기존 2D 화면과 동일하고, z 방향의 경우 모니터 뒤쪽이 +Z 방향, 모니터 앞 쪽으로 나오는 방향이 -Z 방향으로 지정되어 있습니다. 좌표계에 대한 상세 설명은 뒷 부분에서 더 자세히 다뤄 보기로 하겠습니다.

이번에는 3D Text를 사용해보겠습니다. 계속해서 작업을 이어서 진행하시면 됩니다.

09 TText3D를 배치하고 속성을 아래와 같이 지정합니다.

컴포넌트	속성	값
TText3D	Depth	0.5
	Height	2
	Width	8
	Position.Y	−1
	RotationAngle.X	15
	Text	델파이 3D 모바일
	WordWrap	False
	MaterialSource	LightMaterialSource1
	MaterialShaftSource	LightMaterialSource1

10 Text가 잘 보이도록 Cylinder1의 Z Position을 3으로 이동시킵니다.

11 실행하면 다음과 같은 모습을 확인할 수 있습니다.

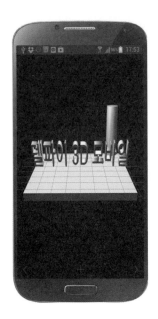

지금까지 몇 가지 3D 오브젝트들을 화면에 배치하면서 각 오브젝트들의 몇 가지 속성을 다루어 보았습니다. 3D 오브젝트 역시 2D 오브젝트를 다루는 것과 크게 다르지 않으며 단지 Z 좌표 속 성이 추가된 형태라는 것을 이해하시기 바랍니다. 예제에 나와 있는 속성 값들을 변경해 가면서 실행해보시고 3D 환경에 익숙해 질 수 있도록 연습해 보세요.

4. Light와 Material로 3D 오브젝트 표현하기

3D 뷰를 구성하기 위하여 빼 놓을수 없는 중요한 요소 중 하나는 바로 조명(Light)과 재질 (Material)입니다. 실제 환경에서 사람의 시각은 자연스럽게 사물을 3D 오브젝트로 인식하고 있 습니다. 사물을 3D로 인식하게 하는 요소는 여러가지가 있지만 그 중 첫 번째는 바로 조명 (Light)입니다. 빛이 없으면 사물을 볼수가 없으며 빛이 있음으로 인해서 사물의 명암이 생기고 이를 통해 자연스럽게 물체를 3D 오브젝트로 인식할 수가 있습니다. 따라서 2D 환경인 모니터 나 스마트폰 화면에 3D 오브젝를 표현할 때 실제 환경과 얼마만큼 비슷하게 빛을 표현해 주느 냐가 중요한 요소로 작용합니다.

우리가 구현하는 3D 오브젝트는 모니터, 즉 2D 화면에 그려지는 평면 이미지일 뿐 입체적인 3D 오브젝트는 아닙니다. 평면적인 2D 이미지를 통해서 사용자가 3D 오브젝트로 느껴지게 하기 위해서는 조명(Light)이라는 요소를 사용하여 물체에 실제 환경과 비슷하도록 명암을 표현해야 합니다. 3D 앱을 구현할 때 라이트를 배치하는 일은 크게 어렵지 않은 작업입니다. 단지 라이트 오브젝트를 추가시켜 주기만 하면 됩니다.

두 번째 요소인 Material은 3D 오브젝트의 질감을 표현해 줍니다. 일반적으로 텍스쳐(Texture) 라고 표현이 되고 있으며 파이어몽키에서는 Material로 표현하고 있습니다. 라이트와 마찬가지 로 실제 환경에서 접할 수 있는 오브젝트와 비슷한 질감을 나타내주는 이미지나 색상을 3D 오 브젝트에 입혀줌으로써 사용자가 실제 환경과 비슷한 3D 오브젝트로 인식할수 있게 도와주는 역할을 하며 라이트의 영향에 따라 질감이 다르게 표현될 수 있습니다.

설명이 약간 복잡했나요? 차근 차근 실제로 구현을 해보면 쉽게 이해할 수 있을 것입니다.

자세한 설명은 다음을 참조하십시오.

Light와 Material (파이어몽키 도움말에서 발췌)

● **Light 속성**

일반적으로 3D 개체는 빛이 닿지 않으면, 특징없는 검은 물체에 지나지 않습니다. 하나 이상의 TLight 개체의 LightType 속성 값(다음 중 하나)을 이용하여 3D 공간의 광선을 정의합니다.

– Directional
평행 광선은 일정한 각도에서 평행하게 옵니다. 태양의 빛과 유사하며 가장 일반적으로 사용됩니다. 태양광은 아주 먼 곳에서 오기 때문에 지구상에 도착하는 지점에서 모두 똑같이 비춰집니다. 평행 광선의 위치(거리)는 조명 효과에 관계없습니다. 중요한 것은 광선이 가리키는 방향(자신의 RotationAngle과 부모의 RotationAngle에 정의된)입니다.

– Point
점 광원은 전구의 노출과 같은 것입니다. (단, 늘어나는 부분이 없는 것) 모든 방향으로 광선이 방사되며 거리가 멀어질 수록 약해집니다. 따라서 점 광원의 RotationAngle은 아무런 효과가 없습니다. 중요한 것은 광원의 위치입니다. 이것은 부모의 위치와 회전 각에 좌우됩니다.

– Spot
스포트라이트는 위치와 회전 각에 모두 달려 있고 거리와 함께 약해집니다.

참고로 3D 공간에서의 2D 오브젝트(이미지 등)는 빛을 필요로 하지 않고, 빛에 영향을 받지 않습니다. 이들은 3D의 원근감이 추가된 것을 제외하고는 원본 상태로 표시됩니다.

● **Material 속성**

파이어몽키 3D 개체의 표면은 그 재질로 정의됩니다. 파이어몽키의 3D 재질은 셰이더(shader)를 기준으로 합니다. 따라서 하나의 응용프로그램 안에서 조명과 재질을 다양하게 바꿀 수 있습니다. 사용 가능한 재질은 툴 팔레트의 Materials 카테고리 아래에 표시됩니다.

파이어몽키 3D 개체는 MaterialSource 속성을 가지고 있고 이 재질 라이브러리를 유지하기 위해서 TmaterialBook을 사용합니다. 돌출된 개체는 MaterialShaftSource 속성과 MaterialBackSource 속성이 있습니다. 각각은 TMaterialSource 형식입니다. 선의 영향으로 개체의 재질이 어떻게 표시되는지를 제어하려면 TLightMaterialSource에 연결합니다.

– Emissive (방사 색상)
표면 자체에서 빛을 발하는(즉 빛나는지)지 여부를 결정합니다. 디펄트는 null (불투명도가 0, 검정)입니다. 즉, 개체는 일반적으로 빛이 없기에 빛이 필요합니다. 색상을 설정하는 것으로, 빛이 없을 때 표면이 해당 색으로 보입니다. 빛이 닿으면 방사 색상은 광선에서 설정된 색과 섞이게 됩니다.

– Ambient (환경 색)
표면이 보이도록 기본 색깔을 제공하기 위한 것입니다. 현실 세계에서는 여러가지 방향에서 빛이 표면에 반사하지만 3D 장면에서 그러한 빛을 모두 정의하는 것은 어렵습니다. 따라서 환경 색 공간에서 어떤 빛으로 활성화합니다.

즉, 빛이 없으면 효과가 없습니다. 표면은 그 색으로 모두 채색됩니다. 평행 광선의 경우(반드시 표면을 향할 필요가 없습니다) 모두 평평하게 보입니다. 점 광원이나 스포트라이트의 경우, 색은 거리와 함께 약해집니다.

– Diffuse (확산 반사 색)
입사각도의 빛과 직접 상호 작용합니다. 빛이 없으면 효과가 없습니다. Ambient와 Diffuse는 같은 색으로 설정하는 것이 일반적입니다.

– Specular (경면 반사 색)
입사광을 다양한 각도로 산란시키는 것이 아니라 특정 각도로 반사시키는 것으로, 광택있는 표면을 시뮬레이션 한 것입니다. 빛이 없으면 Specular 효과는 없습니다. 기본값은 흰색으로 색상을 바꾸지 않고 빛을 반사시킵니다.

|||||||| **따 라 하 기** ||||||||||||||||||||||||||||||||||||||||||||||||||||||||||||||||||||||||||

01 앞 절에서 학습한 샘플 프로젝트를 이어서 계속 사용합니다. 필요 시 별도의 이름으로 저장합니다.

02 하단 상태바(Statusbar1)에 배치된 버튼은 필요 없으니 관련 이벤트 핸들러 소스와 함께 삭제합니다.

03 Light1의 RotationAngle.X의 값을 270도로 지정합니다. (위에서 아래쪽으로 비추는 방향으로 설정)

04 상태바 위에 TCombobox를 배치하고 Items 속성 항목을 클릭하여 다음 세 가지 스트링을 입력합니다. 그리고 ItemIndex를 0으로 초기화합니다.

– Direction
– Point
– Spot

05 배치된 ComboBox1의 OnChange 이벤트 핸들러를 아래와 같이 작성합니다.

```
// TLightType 상수를 사용하기 위해서 Uses 절에 FMX.Types3D를 추가한다.
procedure TForm1.ComboBox1Change(Sender: TObject);
begin
    case ComboBox1.ItemIndex of
        0 :  Light1.LightType := TLightType.Directional;
        1 :  Light1.LightType := TLightType.Point;
        2 :  Light1.LightType := TLightType.Spot;
    end;
    Light1.Repaint();
end;
```

06 여기까지 작업이 완료되었으면 실행하여 콤보박스 선택 값을 변화 시킴에 따라 조명의 상태가 어떻게 변하는지 확인해 봅시다. 특히 Direction 일때와 Point 상태일 때 실린더 기둥 벽면에 비춰지는 그림자 상태를 확인하여 두 가지 조명의 미세한 차이에 대해 눈여겨 보도록 합시다.

07 이번에는 Material의 속성에 대해 알아보기 위해 TTextureMaterialSource를 추가하고 Texture 항목을 선택하여 비트맵(Bitmap) 이미지를 불러옵니다. (샘플 프로젝트의 Image 폴더에 함께 포함되어 있는 wood.jpg 이미지를 사용)

08 TCylinder를 하나 더 추가하고 Cyliner1과 같은 크기와 위치로 생성한 후 Position.X만 +3으로 수정하여 Cylinder1의 옆에 배치시킵니다.

09 Cylinder2의 Materialsource 항목을 방금 추가한 TextureMaterialSource1로 선택하고 동시에 BaseCube의 Materialsource 항목 역시 TextureMaterialSource1로 바꿔줍니다.

10 MyGrid3D는 잠시 Visible 값을 False로 지정하고, 3D Text도 Z 좌표를 감소시켜 약간 앞쪽에 위치시킵니다.

11 그림과 같이 구성이 완료 되었으면 실행시켜서 결과를 확인해 봅니다. 콤보박스를 선택하여 조명에 변화를 줬을 때 TextureMaterialSource1로 설정된 오브젝트들은 조명의 영향을 받지않고 있음을 확인하십시오.

예제 프로젝트에서 설명한대로 TLight와 TMaterialsource 또는 TextureMaterialSource를 활용하여 화면 상의 3D오브젝트들이 실제 3D 환경과 비슷한 효과를 주기 위한 기법들을 살펴 보았습니다. TextureMaterialSource만을 사용할 때는 조명의 영향을 받지 않으므로 TLight 오브젝트를 사용할 필요는 없습니다. 이럴 때에는 원근감만으로 3D 표현하게 됩니다.

5. 이동과 회전을 통한 3D 오브젝트 좌표 속성 이해하기

이 절에서는 파이어몽키의 3D Viewport 환경에서의 좌표계에 대해 알아보겠습니다. 앞의 프로젝트 예제에서도 다뤄 보았지만 각각의 3D 오브젝트들은 위치를 나타내는 Position.X, Position.Y, Position.Z의 (X, Y, Z) 좌표와 회전각을 나타내는 RotationAngle.X, RotationAngle.Y, RotationAngle.Z의 Angle 값을 포함하여 총 여섯 가지 속성으로 화면에 표시됩니다. 여기서 표현되는 좌표는 3D 오브젝트의 중심이고 회전각은 중심을 기준으로 회전한 각도를 표현합니다. 파이어몽키 3D 좌표계는 일반적으로 수학에서 표현되는 3D 좌표계와 약간 다른데 그 이유는 기존 2D 화면 기준으로 봤을 때 모니터 좌측 상단이 원점이고 오른쪽과 아래쪽으로 +X, +Y 축을 설정하였듯이 중심을 기준으로 오른쪽이 +X, 아래쪽이 +Y가 되며 2D 좌표계와 XY 축을 일치시키기 위한 것으로 유추할 수 있습니다.

이 상태에서 Z 좌표계만 모니터 앞쪽이 -Z, 뒤쪽이 +Z 방향임을 인지하면 좌표계 방향을 쉽게 인지할 수 있을것으로 판단됩니다.

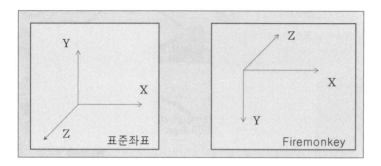

3D 좌표에 대한 별도의 따라하기 과정은 없습니다. 그렇지만 이 절에서는 제공되는 프로젝트 샘플을 참조하여 여러분들 스스로 각각의 3D 오브젝트를 이동 및 회전시켜보면서 그 특성을 이해해보시기 바랍니다.

지금까지 학습한 내용을 잘 습득하였다면 어려움 없이 다음 그림과 같은 3D 형상을 제작 할 수 있을 것입니다. 참고로 의자의 모양을 돋보이게 하기 위해서 바닥과 등받이는 TCube 대신 TRoundCube를 사용하였습니다. Cylinder5(등받이 가로축 기둥)의 RotationAngle.Z가 90도인 것을 눈여겨 보십시요.

6. 3D 오브젝트에 TFloatAnimation 효과주기

앞서 배운 TFloatAnimation 효과는 2D 환경처럼 3D 환경에서도 똑같은 방식으로 적용됩니다. 단지 Z 좌표가 추가되었고 RotationAngle의 경우 2D의 경우는 한축 방향으로만 회전하기 때문에 따로 RotationAngle 좌표축을 설정하지 않았지만 3D 환경의 경우는 X, Y, Z 각각 따로 회전축을 설정할수 있다는 점이 다른 부분입니다. TFloatAnimation 효과를 3D 환경에 적용하게 되면 좀 더 화려하고 다양하게 사용자들의 관심을 끌수 있는 재미있는 구성이 가능해 집니다. 다음 예제를 살펴 보겠습니다.

|||||||| **따 라 하 기** ||||||||||||||||||||||||||||||||||||||||||||||||||||||||||||||||||||||||||||||

01 새로운 프로젝트를 생성하거나 앞서 활용한 프로젝트 소스를 약간 변형해서 사용하셔도 됩니다. 2D Form에 **3D Viewport**를 올리고 하단에 버튼 등을 배치하기 위하여 **TStatusBar**를 배치하는 부분을 동일하게 작업합니다.

02 TText3D 컨트롤을 화면 중앙에 추가하고 다음 속성 값으로 설정합니다.

컴포넌트	속성	값
TText3D	Depth	0.5
	Height	2
	Width	4
	Position.Y	−1
	Position.Z	−3
	RotationAngle.X	15
	Text	델파이
	WordWrap	False
	MaterialSource	LightMaterialSource1
	MaterialShaftSource	LightMaterialSource1

03 TFloatAnimation 컨트롤을 Text3D1의 하위 콤포넌트로 추가하고 다음과 같이 속성을 설정합니다.

컴포넌트	속성	값
TFloatAnimation	Duration	6
	Enabled	True
	Loop	True
	PropertyName	RotationAngle.Y
	StopValue	720

04 TFloatAnimation을 한 개 더 추가합니다. 똑같이 Text3D1의 하위 오브젝트로 추가하고 속성을 다음과 같이 설정합니다.

컴포넌트	속성	값
TFloatAnimation	AutoReverse	True
	Duration	6
	Enabled	True
	Loop	True
	PropertyName	RotationAngle.Z
	StopValue	10

05 프로젝트를 저장하고 실행해 보면 회전하면서 앞뒤로 이동하는 3D Text를 확인할 수 있습니다.

이와 같이 3D 환경에서 TFloatAnimation을 적용하면 2D 오브젝트 보다도 시각적으로 더 다양한 효과를 만들어 낼 수 있습니다. 파이어몽키에서 기본적으로 제공하는 3D 객체 생성 및 애니메이션 효과와 같은 기능들은 다른 개발툴에서는 쉽게 찾아 볼 수 없는 기능들이므로 이를 잘 활용하시면 차별화된 앱을 만들수가 있습니다. TFloatAnimation을 3D 오브젝트에 적용하는 기법들은 이후 다음 절에서 계속 응용될 예정입니다.

7. Dummy 오브젝트를 활용한 상태 좌표 구성 방법

3D 좌표계에서는 2D 좌표계와 달리 Z 좌표가 추가되어 오브젝트의 이동이나 회전 시 약간 복잡한 연산을 하게됩니다. 3D 오브젝트의 이동과 회전은 행렬 연산에 의하여 이루어 지게 되는데 오브젝트들이 항상 원점 중심으로 이동과 회전을 하는것이 아니므로 상대 좌표의 개념을 도입하여야 합니다. 상대 좌표를 계산하기 위해서 행렬 연산을 한다는 것은 부담이 될 수 있는데 이러한 상대 좌표를 손쉽게 사용할 수 있게 도와주는 것이 바로 Dummy입니다. Dummy는 그룹으로 생각해도 좋으며 Dummy 그룹에 속한 자식 오브젝트들은 부모 오브젝트인 Dummy를 기준 좌표로 삼아 이동과 회전을 수행하게 됩니다. 실제 오브젝트를 구성할 때에는 기존 파이어몽키의 다른 오브젝트들과 마찬가지로 부모-자식(Parent-Child) 관계로 오브젝트를 연결하기만 하면 됩니다. Dummy 오브젝트는 앱 실행 시 사용자의 눈에는 보이지 않으므로 투명 오브젝트라고 생각하면 됩니다.

다음 따라하기의 예제는 지구와 달 그리고 금성으로 이루어진 간단한 태양계를 만들게 됩니다. 지구는 태양을 중심으로 공전하고 달은 지구를 중심으로 공전합니다. 또한 지구의 공전에 따라 태양의 둘레를 지구와 같이 회전하고 있습니다. 즉 달은 나선형을 그리면서 태양의 둘레를 돌게 되는데 이러한 달의 회전 좌표를 표현하기 위해 Dummy를 사용해 보겠습니다.

||||||| **따 라 하 기** ||||||||||||||||||||||||||||||||||||||||||||||||||||||||||||||||||||||||||||||||||||||

01 새로운 모바일 프로젝트를 생성하되 이번에는 3D 폼을 직접 생성하기 위하여 3D Application으로 신규 프로젝트를 생성합니다. 그리고 화면을 가로(Landscape)로 회전시킨 후 폼의 컬러를 검정(Black)으로 바꿉니다. 2D 폼과 달리 3D 폼은 바탕색을 따로 지정할 수 있습니다.

02 세 개의 TLightMaterialSource 콘트롤을 배치하고 각각 적당한 컬러로 바꿔 줍니다. 배포
해 드리는 샘플 소스를 참조하셔도 됩니다.

03 TSphere를 배치하고 속성을 다음과 같이 지정합니다.

컴포넌트	속성	값
TSphere	Depth	2
	Height	2
	Width	2
	Name	SunSphere

04 TLight를 SunSphere 하위에 배치하고 LightType을 Point로 설정합니다.

05 이제 TDummy를 사용해 보겠습니다. TDummy를 배치하고 이름을 'Edummy'로 바꿉니
다. 이곳에 지구와 달을 배치할 것입니다.

06 TCylinder를 EDummy의 자식 오브젝트로 배치하고 속성을 다음과 같이 지정합니다.

컴포넌트	속성	값
TCylinder	Depth	3
	Height	3
	Width	3
	MaterialSource	LightMaterialSource1
	Name	EarthSphere
	RotaionAngle.Z	23.4 (지구의 자전축 기울기)
	Position.X	10

07 TFloatAnimation을 EDummy에 배치하고 다음과 같이 속성을 지정합니다.

컴포넌트	속성	값
TFloatAnimation	Duration	12 (공전주기 12개월)
	Enabled	True
	Loop	True
	PropertyName	RotationAngle.Y
	StopValue	360

08 TDummy를 하나 더 배치하되 EarthSphere의 자식 오브젝트로 배치합니다 이름은 'Mdummy'로 설정합니다. 달은 지구에 속해 있으므로 이곳에 달 오브젝트를 배치할 것입니다.

09 TCylinder를 MDummy의 자식 오브젝트로 배치하고 속성을 다음과 같이 지정합니다.

컴포넌트	속성	값
TCylinder	Depth	1
	Height	1
	Width	1
	MaterialSource	LightMaterialSource2
	Name	MoonSphere
	Position.X	−3

10 TFloatAnimation을 MDummy에 배치하고 다음과 같이 속성을 지정 합니다.

컴포넌트	속성	값
TFloatAnimation	Duration	1 (공전주기 1개월)
	Enabled	True
	Loop	True
	PropertyName	RotationAngle.Y
	StopValue	360

11 이제 여기까지 작업이 완료되었다면 제대로 동작하는지 실행하시기 바랍니다.

태양계를 공전하는 지구와 달이 잘 표현이 되고 있나요? 책으로 보기엔 조금 복잡한 감이 있겠지만 다음 그림을 보면 어떤식으로 Dummy 오브젝트들과 그 자식 오브젝트들이 배치되었는지 이해가 될 것입니다.

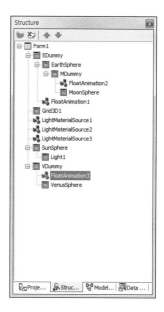

PART 3 FireMonkey 3D 활용 **145**

VDummy는 금성을 표현한 것으로 지구와 같은 방식으로 하나 더 추가하였습니다. 금성의 공전주기는 7.5개월이므로 FloatAnimation의 Duration 값을 7.5로 설정하였습니다.

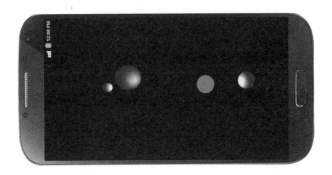

위 따라하기 예제에서 보듯이 만약 지구 오브젝트에 TDummy를 적용하지 않았다면 지구는 공전이 아닌 자전을 하게 될 것입니다. 직접 수정해서 확인해 보시기 바랍니다.

EDummy의 FloatAnimation은 폼 좌표계의 원점을 중심으로 회전하지만 지구 오브젝트는 EDummy의 끝 부분에 위치하여 공전을 쉽게 표현하였습니다. 마찬가지 방법으로 달 오브젝트도 MDummy를 지구의 하위 오브젝트로 설정하여 전체적으로 태양계의 형상을 만들어 보았습니다. TDummy는 3D 좌표계에서 활용도가 매우 높은 오브젝트이므로 잘 이해해 두시기 바랍니다.

[활용실습]

바퀴가 굴러가면서 움직이는 자동차 만들기

과제 : TDummy와 TCube, TCylinder를 이용해서 자동차와 바퀴 형상을 만들고 바퀴가 회전하면서 움직이는 자동차를 FloatAnimation으로 구현해 봅시다.

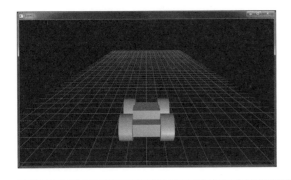

(Tip! TfloatAnimation 효과를 이용하여 도로 역할을 하는 TGrid3D의 Z축 좌표의 값을 반복적으로 변경하고 바퀴 역할을 하는 Cylinder를 X축을 기준으로 각도를 회전시키세요)

과제의 결과는 제공되는 프로젝트 소스를 참고하시기 바랍니다.

7장

카메라(뷰 포인트)의 이해와 활용

이번 장에서는 3D를 보는 시각과 관련된 카메라 오브젝트에 대한
활용 방법과 멀티 카메라 생성으로 뷰포인트 변화주기 및 TFloatAnimation
을 적용하여 카메라를 이동시키는 방법, 그리고 카메라를 이용한 줌(Zoom)
과 팬(Pan)을 사용하는 법에 대해 다뤄 보도록 하겠습니다.

1. 카메라(뷰 포인트) 추가 활용 방법

지금까지는 고정된 시각에서 3D의 좌표계에 오브젝트들을 배치하고 활용해 보았습니다. 이번
장에서는 카메라 오브젝트를 활용하여 뷰포인트의 변화를 주는 법을 배워 보도록 하겠습니다.

||||||| **따 라 하 기** |||||||||||||||||||||||||||||||||||||||||||||||||||||||||||||||||||||||||||||||||||||||

이번 장 이후부터는 따라하기 예제의 3D 오브젝트 속성 값을 상세하게 열거하지는 않고 새롭게
추가되는 내용 위주로 설명하도록 하겠습니다. 그림 또는 제공되는 소스를 참고하시면 이해하
는데 큰 어려움이 없을 것입니다.

01 새로운 모바일 프로젝트를 생성하고 기존의 방식과 같이 TViewport와 TGrid3D 등을 추가합
니다.

02 화면을 가로로 회전하고 그림과 같이 우측에 **TLayout**을 추가한 후 **TTrackBar** 두 개를 추가하고 각각의 속성을 아래와 같이 지정합니다.

컴포넌트	속성	값
TTrackbar	Name	AngleX_TrackBar
	Max	360
	Min	315
	Tag	360
	Value	360

컴포넌트	속성	값
TTrackBar	Name	AngleZ_TrackBar
	Max	360
	Value	0

03 그림과 같이 **TCylinder**와 **TCone**을 추가합니다.

04 마찬가지로 **TLight**와 **TmaterialSource**도 배치하여 3D 오브젝트들이 잘 보일수 있도록 조정해 봅니다.

05 이제 카메라를 추가해 보겠습니다. TCamera를 배치하되 속성 값은 소스 코드에서 직접 지정하도록 하겠습니다. 아래 소스를 보면 CameraInit 프로시저를 하나 생성하여 Camera1의 속성 값을 지정하였습니다.

```
procedure TForm1.FormCreate(Sender: TObject);
begin
CameraInit;
end;


procedure TForm1.CameraInit;
begin
  Camera1.Position.Vector := Vector3D( 0, 0, 0 );
         Camera1.Position.Vector := Vector3D( 0, -5, -10 );
  Camera1.RotationAngle.Vector := Vector3D( 0,0,0 );

  AngleX_Trackbar.Value := AngleX_Trackbar.Tag;
  AngleZ_Trackbar.Value := AngleZ_Trackbar.Tag;
end;
```

06 이제 TTrackBar의 움직임에 따라 카메라도 같이 움직이게 하기 위해서 TTrackbar의 OnChange 이벤트에 아래와 같이 추가합니다.

```
procedure TForm1.AngleX_TrackBarChange(Sender: TObject);
begin
  Camera1.RotationAngle.X := AngleX_Trackbar.Value;
  LabelX.Text := 'Angle.X= '+ Format( '%f', [Camera1.RotationAngle.X] );
end;

procedure TForm1.AngleZ_TrackBarChange(Sender: TObject);
begin
  Camera1.RotationAngle.Z := AngleZ_Trackbar.Value;
  LabelZ.Text := 'Angle.Z= '+ Format( '%f', [Camera1.RotationAngle.Z] );
end;
```

07 모든 오브젝트들이 추가 되었으면 실행한 후 트랙바를 움직여가면서 카메라가 이동하는지 확인해 봅니다.

뷰포인트가 바뀌는 것이 보이는지요? 그렇습니다. 아직은 바뀌지 않았을 것 입니다. 한 가지 작업이 더 필요합니다. 다시 폼 디자이너로 돌아와서 TViewport3D 오브젝트의 속성 중 Using DesignCamera 속성을 확인해보시기 바랍니다. True로 지정되어 있을 것입니다.

여기에서 말하는 UsingDesignCamera라는 것은 지금 우리가 새로 추가한 Camera1을 말하는 것이 아닙니다. 이전 샘플에서 살펴 보았듯이 우리는 카메라를 추가하지 않고도 3D Viewport를 볼 수 있었습니다. 바로 숨겨진 기본 카메라가 존재하였기 때문입니다. 따라서 UsingDesign Camera는 이 숨겨진 카메라를 일컫는 말이고 이것 대신 Camera1을 사용하기 위해 Using DesignCamera 속성을 False로 지정합니다. 그리고 MViewport의 Camera 속성을 우리가 추가한 Camera1으로 지정합니다.

다시 실행시켜 보면 정상적으로 작동됨을 확인 할 수 있을 것입니다. 이와 같이 카메라를 추가해서 사용할 때에는 TViewport3D에 어떤 카메라를 사용하겠다고 알려주는 절차가 필요합니다.

다음 절에서는 복수의 카메라를 사용하여 뷰포인트를 전환시켜 보도록 하겠습니다.

2. 멀티 카메라 생성으로 뷰포인트 변화 주기

카메라를 여러 개를 생성해서 사용할 수 있습니다. 이러한 특성을 이용하여 간단하게 뷰포인트 전환이 가능합니다.

||||||| **따 라 하 기** ||||||||||||||||||||||||||||||||||||||||||||||||||||||||||||||||

앞 장의 프로젝트를 계속해서 이어서 사용합니다.

01 화면 우측 Layout1 위에 **TCheckbox**를 하나 추가 합니다.

02 Unit.pas를 오픈하고 다음과 같이 소스 코드를 수정합니다. UI 디자인 시 카메라를 추가해도 되지만 이번에는 카메라를 동적으로 생성해 보고자 합니다.

```
// 카메라 오브젝트 전역변수 선언
var
  Camera2 : TCamera;

// 추가 카메라 생성
procedure TForm1.Add_Camera;
begin
```

```
    Camera2 := TCamera.Create(nil);
    Camera2.Parent := MViewport3D;
    Camera2.Target := Cone1;// 카메라가 바라보는 방향을 cone1 으로 고정
    Camera2.Position.Vector := Vector3D( 10,-10,15);// 카메라 위치 설정
end;


// 체크박스 선택시 보이는 카메라 전환
procedure TForm1.CheckBox1Change(Sender: TObject);
begin
    case CheckBox1.IsChecked of
False : MViewport3D.Camera := Camera1;
True  : MViewport3D.Camera := Camera2;
    end;
end;


procedure TForm1.FormCreate(Sender: TObject);
begin
    CameraInit;
    Add_Camera;// 카메라 생성 프로시저 호출
end;
```

03 실행해서 체크박스 클릭 시 뷰포인트가 잘 변화하는지 확인하시기 바랍니다.

Add_Camera 프로시저 중에 'Camera2.Target := Cone1;'로 코딩된 내용은 Camera2가 항상 Cone1을 바라보게 한다는 의미입니다.

카메라가 향하는 시각은 일직선이므로 만약 타겟을 따로 지정하지 않는다면 카메라의 위치가 변할 때마다 카메라 각도를 원하는 방향으로 일일이 맞춰줘야 하는 번거로움이 생깁니다. 하지만 타겟을 지정함으로써 간단히 카메라의 촬영 방향을 고정시킬수가 있습니다. 실제 카메라로 비교해 본다면 자동 동체 추적 정도로 이해하시면 될 듯 합니다. 타겟 지정 대상은 3D 오브젝트라면 모두 가능합니다.

다음 절에서는 이와 같은 카메라의 특성을 이용하여 카메라를 동적으로 이동시키면서 뷰포인트를 변화시켜 보도록 하겠습니다.

3. TFloatAnimation을 적용하여 카메라를 이동 시키기

카메라에 TFloatAnimation을 적용하면 화면을 바라보는 뷰포인트의 전환을 영화의 장면처럼 자연스럽게 만들수 있습니다. 이를 잘 활용하면 3D 효과를 극대화 할 수 있습니다.

|||||||| **따 라 하 기** |||||||||||||||||||||||||||||||||||||||||||||||||||||||||||||||||||

마찬가지로 앞 절의 프로젝트를 계속해서 이어서 사용하겠습니다.

01 이번에는 화면 우측 Layout1 위에 버튼을 하나 추가하고 이름을 'CameraAniButton'으로 지정합니다.

02 추가한 버튼의 OnClick 이벤트에 아래와 같이 소스를 추가하고 이전에 작업한 Add_ Camera 프로시저를 다음과 같이 수정합니다.

```
var
Camera2 : TCamera;
CrDummy : TDummy; // 전역변수로 선언

// 추가 카메라 ----------------------------------------------
procedure TForm1.Add_Camera;
begin
CrDummy := TDummy.Create(nil);
  CrDummy.Parent := MViewport3D;

  Camera2 := TCamera.Create(nil);
  Camera2.Parent := CrDummy;
  Camera2.Target := Cone1;
  Camera2.Position.Vector := Vector3D( 10,-10,15);
end;

// 더미를 부모로 하는 카메라 에니메이션 동적 생성
procedure TForm1. (Sender: TObject);
var
  crAni : TFloatAnimation;    // FMX.Ani
begin
  crAni := TFloatAnimation.Create(nil);
  crAni.Parent := CrDummy;
  crAni.PropertyName := 'RotationAngle.Y';
  crAni.StartValue := 0;
```

```
    crAni.StartValue := 360;
    crAni.Duration := 6;
    crAni.Start;
  end;
```

03 실행해서 카메라가 원뿔을 기준으로 360도 회전하는지 확인해보세요.

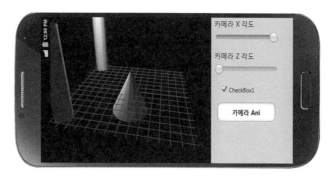

Add_Camera 프로시저를 먼저 살펴보면 카메라의 부모로 TDummy를 하나 생성하였습니다. 카메라 자체를 회전시키게 되면 제자리에서 회전을 하므로 TDummy를 이용해서 원뿔 중심으로 회전하기 위한 방법입니다. 이는 앞 절에서 태양계 샘플에서 학습했던 내용입니다. 이 방법을 카메라에 적용하여 회전하는 뷰포인트를 만들어 본것입니다(카메라가 태양 주위를 공전하는 지구에 해당 됨).

CameraAniButtonClick 이벤트의 애니메이션도 동적으로 생성하여 역시 동적으로 생성된 CrDummy에 대응하고 있습니다.

이와 같이 TFloatAnimation을 카메라에 적용할 때 TDummy와 함께 활용하여 다양한 방법으로 부드럽게 뷰포인트를 변화시켜 볼수 있습니다. 카메라 좌표와 회전 축을 변화시켜가며 익숙해지도록 연습해 봅시다.

4. 카메라를 이용한 줌(Zoom)과 팬(Pan)

3D 환경에서 줌(Zoom)과 팬(Pan)은 빼놓을 수 없는 요소입니다.
파이어몽키 3D에서는 카메라를 이용하여 간단하게 줌과 팬의 효과를 쉽게 구현할수 있습니다.
다음의 예제를 살펴 보도록 하겠습니다.

||||||| **따 라 하 기** ||||||||||||||||||||||||||||||||||||||||||||||||||||||||||||||||||||||||

이번에도 앞 절의 프로젝트를 이용하여 진행합니다. 줌과 팬은 Camera1을 이용하여 작업해 보
도록 하겠습니다.

01 화면 우측 Layout1 위에 버튼을 네 개 추가합니다. 각각 'ZoomIn', 'ZoomOut', 'PanPlus',
'PanMinus'로 지정하고 네 개의 버튼 이벤트에 다음 소스를 참조하여 내용을 입력합니다.

```
procedure TForm1.ZoomInClick(Sender: TObject);
begin
Camera1.AnimateFloat( 'Position.Z', Camera1.Position.Z + 2, 0.5 );
end;

procedure TForm1.ZoomOutClick(Sender: TObject);
begin
Camera1.AnimateFloat( 'Position.Z', Camera1.Position.Z - 2, 0.5 );
end;

procedure TForm1.PanPlusClick(Sender: TObject);
begin
Camera1.AnimateFloat( 'Position.Y', Camera1.Position.Y + 2, 0.5 );
end;

procedure TForm1.PanMinusClick(Sender: TObject);
begin
Camera1.AnimateFloat( 'Position.Y', Camera1.Position.Y - 2, 0.5 );
end;
```

02 실행하여 각 버튼의 동작에 따라 정상적으로 줌과 팬이 작동하는지 확인해 봅니다.

이와 같이 카메라의 좌표만을 변경하여 간단하게 줌과 팬을 구현 할 수 있습니다. 예제에서는 Y 좌표를 변경하였지만 뷰포인트에 따라서 다른 좌표에 적용하면 모든 방향으로 팬을 적용할수 있습니다.

마찬가지 방법으로 줌의 경우에는 카메라 Z 좌표에 변화를 주어 구현하였습니다. 단순히 좌표를 변경하는 것보다 애니메이션을 적용하면 카메라가 부드럽게 움직이므로 사용자가 바라보는 뷰포인트의 변화를 좀 더 자연스럽게 구현할 수 있습니다.

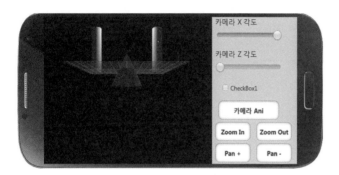

[활용실습]

카메라 오브젝트를 이용하여
2D 이미지 확대/축소하기

과제 : TImage3D를 생성하고 카메라를 이용하여 확대/축소를 구현 해보세요.

과제의 결과는 제공되는 프로젝트 소스를 참고하시기 바랍니다. (Tip! 하단의 트랙바 변경에 따라 3D 이미지의 Z 좌표 값을 변경시켜 주세요)

Tip

제스처 사용하기

위 실습 과제에서 파이어몽키 3D 기능을 응용하여 이미지 확대/축소를 구현해 보셨습니다만 일반적인 경우에 있어서 모바일 앱의 이미지나 화면을 확대하고 축소하는 기능은 제스처를 사용합니다.

제스처는 두 손가락으로 화면을 확대/축소하거나 다음 페이지로 넘기거나 메뉴를 불러내고 숨기는 등 손가락 몇개로 화면을 조작할 수 있는 사용자 친화적인 기능을 제공함으로써 작은 디스플레이를 가진 모바일 기기에 효율적이고도 편리한 UI를 제공합니다.

제스처에 대한 내용과 간단한 예제는 이미 학습하신 "한번에 개발하는 안드로이드/iOS 앱 with 델파이 1편-기초다지기"의 "6장. UI 콘트롤로 화면 만들기"를 참조하시기 바랍니다.

8장

3D 사용자 인터페이스 (User Interface) 구현

지금까지 배운 3D 지식을 활용하여 다양한 기능을 구현해 봄으로써 앱 개발에 응용할 수 있는 능력을 배양합니다. 3D를 단순히 3D로 끝내는 것이 아니라 실제 앱 개발에 어떻게 활용할 수 있을지를 고민해보시기 바랍니다. 파이어몽키 3D 기능의 활용성은 무궁무진할 수 있으며 다른 앱과 차별화될 수 있는 유용하고도 강력한 기능입니다.

1. 부드러운 화면 터치로 3D 뷰포인트 제어

앞 장에서는 카메라의 좌표 변화를 통해서 뷰포인트의 위치를 전환시켜 보았습니다. 이를 UI에 적용하기 위해서 터치 이벤트를 활용하여 뷰포인트 화면을 전환시키는 방법을 배워 보도록 하겠습니다. 파이어몽키에서는 마우스 동작 이벤트를 모바일의 터치 이벤트로 그대로 적용이 가능합니다. 따라서 마우스 이벤트 핸들러를 활용하면 사용자의 터치 이벤트를 제어할 수 있습니다. 이 방식은 제스처 등을 적용하는 방식보다 좀 더 화면 전환을 부드럽게 제어할 수 있다는 장점이 있습니다.

|||||| **따 라 하 기** ||||||||||||||||||||||||||||||||||||||||||||||||||||||||||||||||||||||

01 새로운 모바일 프로젝트를 생성하고 기존의 방식과 같이 TViewport3D와 TGrid3D를 배치합니다. 뷰포인트 전환을 눈으로 쉽게 확인하기 위해서 TText3D와 같은 간단한 3D 오브젝트를 배치합니다. TViewport3D의 이름은 'MViewport3D'로 설정합니다.

02 하단에 TArcDial을 배치하고 Frequency를 '120'으로 설정합니다. TArcDial 버튼의 Frequency는 회전각을 의미하며 120도를 설정하게 되면 3단 선택이 가능하게 됩니다.

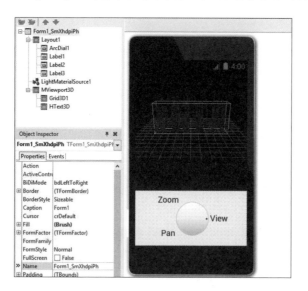

03 다음 소스를 참조하여 CameraView_Init 프로시저를 생성하고 이를 FormCreate 이벤트에 반영합니다. 주의 깊게 볼 부분은 TDummy를 두 개 생성하여 부모-자식 관계로 만든 후 카메라를 TDummy의 자식 오브젝트로 구성한 부분입니다.

```
// TForm1 클래스의 public 전역변수 및 핸들러
public
CameraDummyX, CameraDummyY : TDummy;
  Camera1 : TCamera;
  CLight   : TLight;
  isMouse : Boolean;
  DownPoint : TPointF;
procedure CameraView_Init();
end;

procedure TForm1.FormCreate(Sender: TObject);
begin
  CameraView_Init;
end;

//------------------------------------------------------------
procedure TForm1.CameraView_Init;
begin
  CameraDummyY := TDummy.Create(nil);
```

```
    CameraDummyY.Parent := MViewport3D;


    CameraDummyX := TDummy.Create(nil);
    CameraDummyX.Parent := CameraDummyY;   // 더미 두 개가 부모 자식관계
    CameraDummyX.RotationAngle.X := -20;
    CameraDummyX.RotationAngle.Y := 0;
    CameraDummyX.RotationAngle.Z := 0;
    CameraDummyX.Position.Y := -5;          // 화면 상하 위치 조절


    Camera1 := TCamera.Create(nil);
    Camera1.Parent := CameraDummyX;   // 카메라는 자식더미의 자식이 됨.
Camera1.Position.Z := -20;                // 적절한 거리값.


    MViewport3D.Camera := Camera1;
    MViewport3D.UsingDesignCamera := False;


    CLight := TLight.Create(nil);
    CLight.Parent := MViewport3D;
    CLight.Position.Vector := Vector3D( 0,0,-30 );
    CLight.RotationAngle.Vector := Vector3D( -20, 0,0 );
end;
```

04 사용자는 MViewport3D 화면을 터치하게 되므로 MViewport3D의 마우스 이벤트를 다음
과 같이 세 개 생성합니다.

- OnMouseDown
- OnMouseMove
- OnMouseUp

05 다음 소스를 참조하여 각각의 마우스 이벤트 핸들러를 작성합니다.

```
procedure TForm1.MViewport3DMouseDown(Sender: TObject; Button: TMouseButton;
Shift: TShiftState; X, Y: Single);
begin
  isMouse := True;
  DownPoint := PointF(X,Y);
end;

procedure TForm1.MViewport3DMouseMove(Sender: TObject; Shift: TShiftState; X, Y:
Single);
var
```

```
    tCz : single;
begin
  if (ssLeft in Shift) and isMouse then
  begin
    // View
    if ArcDial1.Value = 0 then
    begin
      CameraDummyX.RotationAngle.X := CameraDummyX.RotationAngle.X - (Y -
DownPoint.Y)* 0.5;
      CameraDummyY.RotationAngle.Y := CameraDummyY.RotationAngle.Y + (X -
DownPoint.X)* 0.5;
    end

    // Zoom
    else if ArcDial1.Value = 120 then
    begin
      tCz := Camera1.Position.Z;                    // 이동 전 좌표 저장해 둠.
      Camera1.Position.Z := Camera1.Position.Z - (Y - DownPoint.Y)* 0.6;
      if ( Camera1.Position.Z < -200 ) or ( -2 < Camera1.Position.Z ) then
        Camera1.Position.Z := tCz;                  // 범위 밖을 벗어나면 원상 복귀
    end

    // Pan
    else if ArcDial1.Value= -120 then
    begin
      CameraDummyX.Position.X := CameraDummyX.Position.X - (X - DownPoint.X)*
0.05 ;
      CameraDummyY.Position.Y := CameraDummyY.Position.Y - (Y - DownPoint.Y)*
0.05 ;
    end;

    DownPoint.X := X;
    DownPoint.Y := Y;
  end;
end;

procedure TForm1.MViewport3DMouseUp(Sender: TObject; Button: TMouseButton;
Shift: TShiftState; X, Y: Single);
begin
isMouse := False;
end;
```

06 작업이 완료되었으면 실행해서 터치 반응에 따라 뷰포인트 전환이 정상적으로 작동되는지 확인합니다.

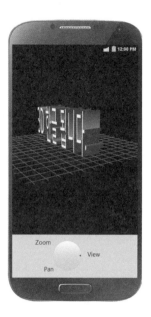

CameraDummyX와 CameraDummY의 각도와 위치 좌표를 변경할 때 0.5나 0.05 등의 숫자를 곱한 이유는 마우스 이벤트로 발생하는 좌표값은 픽셀 단위이며 TDummy의 좌표는 Viewport3D 좌표이기 때문에 이를 보정하기 위한 값이라고 보시면 됩니다.

숫자의 값을 미세하게 변경해 가면서 실행해 보면 터치 반응에 따라 변환 값이 다르게 느껴짐을 알 수 있을 것입니다. 이를 활용하면 뷰포인트의 화면 움직임 속도를 빠르게 혹은 느리게 제어할 수 있습니다. 개발하는 앱의 환경에 따라 적절한 값으로 변경해서 활용하시기 바랍니다.

2. 큐브와 바람개비

이제 앞 절에서 배운 3D 뷰포트의 마우스 이벤트를 통한 터치 제어를 이용하여 몇 가지 3D UI를 만들어 보도록 하겠습니다. 네 개의 Timage3D 이미지를 이용하여 큐브 형태로 네 개의 면을 구성하고 이와 비슷한 방식으로 네 개의 날개를 가진 바람개비를 만들어 보도록 하겠습니다. 그리고 구성된 큐브와 바람개비를 사용자의 터치 이벤트를 받아서 Y축 기준으로 45도씩 회전시키는 UI를 구성합니다.

3D UI 구성뿐아니라 각 OS 별로 런타임 패키지와 함께 이미지를 같이 배포하도록 구현합니다.

01 새로운 모바일 프로젝트를 생성하고 기존의 방식과 같이 TViewport3D와 TGrid3D 등을 배치합니다. 화면 구성의 편의를 위해서 단말기를 가로 방향으로 회전한 상태에서 프로젝트를 생성해 보도록 하겠습니다.

02 TCamera를 배치하고 다음과 같이 포지션(Position)과 회전각(RotationAngle)을 지정합니다.

컴포넌트	속성	값
TCamera	Position.Y	−10
	Position.Z	−15
	RotationAngle.X	340

03 TDummy를 중앙에 하나 배치합니다. 생성할 3D 오브젝트들은 이 더미를 부모로 지정할 예정입니다.

04 TLayout을 Align Bottom 속성으로 Form1의 하단에 배치하고 이곳에 TComboBox를 배치하여 큐브와 바람개비 항목을 입력합니다. 콤보 박스는 큐브와 바람개비 두 가지 형태의 3D UI를 동적으로 생성하는 메뉴 역할을 수행 할 것입니다.

05 화면 좌우측에 각각 스피드 버튼을 배치합니다. 이 두 개의 버튼은 왼쪽·오른쪽으로 3D 오브젝트들을 회전하는 역할을 수행합니다. 좌우 방향으로 슬라이드 시키는 터치 이벤트와 같은 동작으로 사용자에게 슬라이드 터치와 원터치 기능을 같이 제공할 수 있게 합니다.

06 TTimer를 배치하고 이름을 'RotateTimer'로 지정합니다. 초기에는 비활성화(Disable) 시키고 인터벌(Interval)은 '500'(msec, 0.5초)으로 설정합니다. 타이머의 역할은 사용자가 빠른 속도로 연속적인 액션을 조작하여도 타이머 작동 시간에는 추가적인 액션이 일어나지 않도록 체크하는 역할을 합니다.

여기까지의 구성은 다음 절의 따라하기 예제에서도 반복적으로 사용될 예정입니다. 그림을 참조하여 각 오브젝트들이 이상없이 배치되었는지 확인합니다.

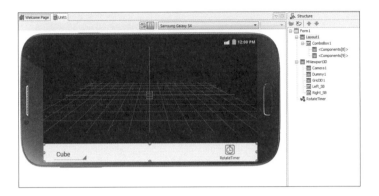

07 이제 소스를 구성하겠습니다. 소스는 크게 세 가지로 구성됩니다. 먼저 큐브와 바람개비를 동적으로 구성하는 프로시저, 생성된 큐브와 바람개비를 회전하는 프로시저, 그리고 터치 제어를 위해서 마우스 이벤트를 생성하는 프로시저로 구성됩니다.
먼저 큐브와 바람개비를 구성하는 프로시저를 살펴보겠습니다.

```
// TForm1 클래스의 public 전역변수 및 핸들러
public
    { Public declarations }
    ResPath : string;
    Cur_imgNo : integer;        // 중앙 PSlide : 결정값
    PMouse : Boolean;
    PDown : TPointF;
    procedure Object_Clear;
    procedure Cube_Make;
    procedure Windmill_Make;
    procedure Object_Rotate( CCW : Boolean );

implementation
const
MAX_FACE = 24;
var
 IM_FACE : array[0..MAX_FACE] of TImage3D;        // FMX.Layers3D
  Make_Face_No : integer = 0;

procedure TForm1.FormCreate(Sender: TObject);
begin
{$IFDEF IOS}
```

```
  ResPath := GetHomePath() + PathDelim + 'Library' + PathDelim;    // StartUp\
Library
{$ELSE}// Android : .\assets\internal   Winows: c:\Users\userid\AppData\Roaming\
  ResPath := GetHomePath() + PathDelim;
{$ENDIF}
  Cube_Make();
end;

procedure TForm1.ComboBox1Change(Sender: TObject);
begin
  case Combobox1.ItemIndex of
    0 : Cube_Make();
    1 : WindMill_Make();
  end;
end;

// 기존 Object Clear all ----------------
procedure TForm1.Object_Clear();
var
  i : integer;
begin
  if Make_Face_No > 0 then
  begin
    for i := 0 to Make_Face_No-1 do
    begin
      IM_FACE[ i ].Release;
      IM_FACE[ i ] := nil;
    end;
  end;

  Cur_imgNo := 0;
end;

//***************************************************************************
procedure TForm1.Cube_Make;
var
  i : integer;
  sWd : single;
begin
  Object_Clear();

  for i := 0 to 3 do
  begin
    IM_FACE[ i ] := TImage3D.Create( nil );
    IM_FACE[ i ].Parent := Dummy1;
```

```
    IM_FACE[ i ].Bitmap.LoadFromFile( ResPath + '00' + IntToStr( i+1 ) + '.png'
);
    IM_FACE[ i ].WrapMode := TImageWrapMode.iwStretch;          // FMX.Objects
    IM_FACE[ i ].HitTest := False;  // MViewport3D 를 터치함.
    IM_FACE[ i ].Tag := i;

    IM_FACE[ i ].Width  := 8;
    IM_FACE[ i ].Height := 8;
    IM_FACE[ i ].Depth  := 0.01;
  end;

  sWd := - IM_FACE[ 1 ].Width * 0.5;
  IM_FACE[ 0 ].Position.Vector      := Vector3D( 0, sWd, -sWd );
  IM_FACE[ 0 ].RotationAngle.Vector := Vector3D( 0, 0, 0 );
  IM_FACE[ 1 ].Position.Vector      := Vector3D( sWd, sWd, 0 );
  IM_FACE[ 1 ].RotationAngle.Vector := Vector3D( 0, 90, 0 );
  IM_FACE[ 2 ].Position.Vector      := Vector3D( 0,  sWd, sWd );
  IM_FACE[ 2 ].RotationAngle.Vector := Vector3D( 0, 180, 0 );
  IM_FACE[ 3 ].Position.Vector      := Vector3D( -sWd,sWd, 0 );
  IM_FACE[ 3 ].RotationAngle.Vector := Vector3D( 0,  270, 0 );
  Make_Face_No := 4;                    // Face(bmp) 갯수를 전역변수에 저장
end;

//**************************************************************************
procedure TForm1.Windmill_Make;
var
  i : integer;
  sWd : single;
begin
  Object_Clear();

  for i := 0 to 3 do
  begin
    IM_FACE[ i ] := TImage3D.Create( nil );
    IM_FACE[ i ].Parent := Dummy1;
    IM_FACE[ i ].Bitmap.LoadFromFile( ResPath + '00' + IntToStr( i+1 ) + '.png'
);
    IM_FACE[ i ].WrapMode := TImageWrapMode.iwStretch;          // FMX.Objects
    IM_FACE[ i ].HitTest := False;  // MViewport3D 를 터치함.
    IM_FACE[ i ].Tag := i;
    IM_FACE[ i ].Width  := 8;
    IM_FACE[ i ].Height := 8;
    IM_FACE[ i ].Depth  := 0.01;
  end;
```

```
sWd := - IM_FACE[ 1 ].Width * 0.5;
IM_FACE[ 0 ].Position.Vector        := Vector3D( 0, sWd, -sWd );
IM_FACE[ 0 ].RotationAngle.Vector := Vector3D( 0, 90, 0 );
IM_FACE[ 1 ].Position.Vector        := Vector3D( sWd, sWd, 0 );
IM_FACE[ 1 ].RotationAngle.Vector := Vector3D( 0, 00, 0 );
IM_FACE[ 2 ].Position.Vector        := Vector3D( 0,  sWd, sWd );
IM_FACE[ 2 ].RotationAngle.Vector := Vector3D( 0, 90, 0 );
IM_FACE[ 3 ].Position.Vector        := Vector3D( -sWd,sWd, 0 );
IM_FACE[ 3 ].RotationAngle.Vector := Vector3D( 0, 0, 0 );
Make_Face_No :=  4;                  // Face(bmp) 갯수를 전역변수에 저장
end;
```

Cube_Make 프로시저를 살펴보면 TImage3D 객체를 배열로 구성한 IM_FACE 객체를 동적으로
생성하되 Dummy1을 부모로 구성하였습니다. 그리고 각 이미지를 ResPath 경로에 미리 배포된
이미지를 불러옵니다. ResPath는 컴파일되어 배포되는 OS에 따라 다르게 구성되므로
FormCreate 프로시저에서 컴파일러 지시자에 의해 OS 마다 구분이 되어 미리 선언되어 있습니
다. 그리고 실행 시 그림과 같이 Project > Deployment를 통해서 이미지를 배포합니다. (해당 이
미지는 따라하기 프로젝트 예제의 Image 폴더에 포함되어 있음)

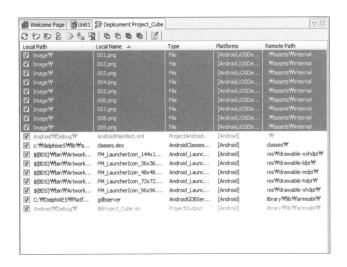

그림의 예제는 안드로이드의 경우 리모트 패스(RemotePath)를 '.\assets\internal'로 설정 하였
음을 알수 있습니다. 마찬가지 방식으로 iOS의 경우에는 FormCreate에서 지정한 대로
'StartUp\Library'로 구성하면 됩니다. 해당 경로는 어플리케이션이 접근 가능한 경로(SandBox)
면 어느 곳이든 무관합니다. 지정한 경로대로 이미지 파일을 배포하면 됩니다.
(Tip! 이미지 배포 관련 상세한 내용은 Part1 1장을 참조하세요.)

08 큐브와 바람개비의 경우는 네 개의 이미지만 사용하면 되지만 이후 나오는 예제에서는 좀
더 많은 이미지를 사용하게 됩니다.

다시 Cube_Make와 Windmill_Make 프로시저를 살펴보면 두 개 프로시저의 TIamge3D
배치는 거의 동일하되 RotationAngle의 Y 값만 약간 차이가 나는 것을 알수 있습니다. 큐
브를 배치하는 것과 같은 방식으로 구성하되 RotationAngle의 Y값만 다르게 하여 색다른
3D UI를 구성하였습니다.

09 이번에는 생성된 이미지를 회전시키는 프로시저를 살펴 보겠습니다.

```
procedure TForm1.Object_Rotate( CCW : Boolean );
begin
if CCW = True then
    dummy1.AnimateFloat( 'RotationAngle.Y', dummy1.RotationAngle.Y+45, 0.5 )
  else
    dummy1.AnimateFloat( 'RotationAngle.Y', dummy1.RotationAngle.Y-45, 0.5 );
end;


//****************************************************************************
procedure TForm1.RotateTimerTimer(Sender: TObject);
begin
RotateTimer.Enabled := False;
end;


//****************************************************************************
procedure TForm1.Left_SBClick(Sender: TObject);
begin
  if   RotateTimer.Enabled = True then exit      // Rotate Animation 실행중에 재실행
방지
else RotateTimer.Enabled := True;

  Object_Rotate( True )
end;


procedure TForm1.Right_SBClick(Sender: TObject);
begin
if   RotateTimer.Enabled = True then exit
else RotateTimer.Enabled := True;

  Object_Rotate( False )
end;
```

```
//-----------------------------------------------------------------------------
----------------------------
procedure TForm1.MViewport3DMouseDown(Sender: TObject; Button: TMouseButton;
Shift: TShiftState; X, Y: Single);
begin
  PMouse := True;
  PDown := PointF(X,Y);
end;

procedure TForm1.MViewport3DMouseMove(Sender: TObject; Shift: TShiftState; X, Y:
Single);
begin
if (ssLeft in Shift) and PMouse then
 begin
    if PDown.X > X then
      Left_SBClick( Sender )
    else
      Right_SBClick( Sender );

    PMouse := False;
    PDown.X := X;
    PDown.Y := Y;
  end;
end;

procedure TForm1.MViewport3DMouseUp(Sender: TObject; Button: TMouseButton;
Shift: TShiftState; X, Y: Single);
begin
PMouse := False;
end;
```

오브젝트의 회전은 dummy1의 회전만으로 간단하게 구현됩니다. 이는 IM_FACE 생성 시 dummy1을 부모로 구성하였기 때문에 가능합니다.

그리고 사용자의 터치 이벤트를 받는 마우스 이벤트는 앞에서 배운대로 동일한 방식으로 구현하였습니다. 사용자의 터치 슬라이드가 왼쪽인지 오른쪽인지만 구분하면 됩니다. 만약 사용자의 상하 터치 이벤트를 받아야 한다면 X 포인트 대신 Y 포인트 값을 사용하면 됩니다. 그리고 터치 이벤트 실행전에 타이머를 체크하여 현재 회전 액션이 실행 중인지를 체크합니다.

dummy1.AnimateFloat 호출 시 Duration 값을 0.5로 주었고 타이머의 인터벌도 0.5초이기 때문에 0.5초 안에 사용자가 다시 터치 액션을 주면 이를 무시하게 됩니다.

이와 같은 방식을 사용하면 3D 오브젝트를 생성하고 사용자의 터치 이벤트 작동 시 회전이나 이동시키는 3D UI를 다양한 방식으로 구성해 볼수 있을 것입니다.

다음 절에서도 비슷한 방식으로 몇 가지 예제를 더 살펴 보겠습니다.

3. 실린더와 트위스터

이번에는 좀 더 많은 이미지를 사용하여 3D UI를 구성해 보도록 하겠습니다. TImage3D를 원점을 중심으로 둥글게 배치해서 다각형 형태의 실린더를 만들어 보고 같은 방식으로 Y 좌표(높이)를 다르게 지정하여 트위스터(회오리) 비슷한 형태로 구성해 보겠습니다.

||||||| **따 라 하 기** |||||||||||||||||||||||||||||||||||||||||||||||||||||||||||||||||||||||||||

01 앞 장의 큐브 구성 시 생성한 따라하기 프로젝트와 같은 방법으로 1 번에서 6 번까지 동일한 작업을 진행합니다. 다만 이번에는 동적으로 생성되는 각 3D 오브젝트들을 개별적으로 회전시키기 때문에 TDummy를 사용하지는 않습니다.

02 앞 절에서 Cube_Make와 Cube_Rotate를 사용한 것처럼 이번에는 Cylinder_Make와 Cylinder_Rotate 프로시저를 만들어서 사용합니다. 트위스터는 별도의 프로시저를 만들지 않고 Cylinder_Make 프로시저에서 구분 값으로 분기해서 사용합니다.

```
procedure TForm1.Cylinder_Make( iNo, nKind:integer );
var
  i : integer;
  alpha, A, R, rWidth, rHeight : single;

begin
  Object_Clear();

  rWidth  := 5;
```

```
    rHeight := 5;

    if nKind > 1 then // 0 = Cylinder / 1 = Twisted_Cylinder
        alpha := nKind / iNo        // 360 -> Theta : 각이 Theta인 호를 그릴수 있음.
    else
        alpha := 360.0 / iNo;

    A := Pi() / 180.0 * alpha;            // 삼각함수 Radian 변경
    R := 0.5 * rWidth / tan( 0.5 * A );   // 원점에서 Face까지 회전반경

    for i  := 0 to  iNo -1 do
    begin
      IM_FACE[ i ] := TImage3D.Create( nil );
      IM_FACE[ i ].Parent := MViewport3D;
      IM_FACE[ i ].Bitmap.LoadFromFile( ResPath + '00' + IntToStr( i+1 ) + '.png'
);
      IM_FACE[ i ].Tag := i;
      IM_FACE[ i ].HitTest := False;  // MViewport3D 를 터치함.
      IM_FACE[ i ].TwoSide := True;

      IM_FACE[ i ].Width   := rWidth;
      IM_FACE[ i ].Height  := rHeight;
      IM_FACE[ i ].Depth   := 0.01;

      IM_FACE[ i ].Position.X :=  R*sin(i*A);
      IM_FACE[ i ].Position.Z := -R*cos(i*A);
      IM_FACE[ i ].Position.Y :=  - IM_FACE[ i ].Height * 0.5;   // Cylinder 일때만
Twist는 아래  if에서 정의
      IM_FACE[ i ].RotationAngle.X := 0;
      IM_FACE[ i ].RotationAngle.Z := 0;
      IM_FACE[ i ].RotationAngle.Y := -i*alpha;

      if nKind = 1 then
          IM_FACE[ i ].Position.Y := -( i*A + IM_FACE[ i ].Height*0.5 );   //
Twisted Z 좌표, 1.5=간격
    end;

    Make_Face_No :=  iNo;                      // Face(bmp) 갯수를 전역변수에 저장
    Cur_imgNo := 0;
end;

//****************************************************************************
procedure TForm1.Cylinder_Rotate( CCW : Boolean );
var
  i : integer;
```

```
   dr, xp0, yp0, zp0, YA0 : single;
begin
  dr := 0.5;
  RotateTimer.Interval := 500;  // dr * 1000;

if CCW = False then
  begin
    xp0 := IM_FACE[ 0 ].Position.X;
    yp0 := IM_FACE[ 0 ].Position.Y;
    zp0 := IM_FACE[ 0 ].Position.Z;   // 나선형 일때 사용.
    YA0 := IM_FACE[ 0 ].RotationAngle.Y;

    for i := 0 to Make_Face_No-2 do // 맨마지막 Face 제외
    begin
      IM_FACE[ i ].AnimateFloat('Position.X', IM_FACE[i+1].Position.X, dr );
      IM_FACE[ i ].AnimateFloat('Position.Y', IM_FACE[i+1].Position.Y, dr );
      IM_FACE[ i ].AnimateFloat('Position.Z', IM_FACE[i+1].Position.Z, dr );
      IM_FACE[ i ].AnimateFloat('RotationAngle.Y', IM_FACE[i+1].RotationAngle.Y,
dr );
    end;
    // 맨 마지막 Face 여기서 이동
    IM_FACE[ Make_Face_No-1 ].AnimateFloat('Position.X', xp0, dr );
    IM_FACE[ Make_Face_No-1 ].AnimateFloat('Position.Y', yp0, dr );
    IM_FACE[ Make_Face_No-1 ].AnimateFloat('Position.Z', zp0, dr );
    IM_FACE[ Make_Face_No-1 ].AnimateFloat('RotationAngle.Y', YA0, dr );
  end

  //-------------------------------
else if CCW = True then
  begin
    xp0 := IM_FACE[ Make_Face_No-1 ].Position.X;
    yp0 := IM_FACE[ Make_Face_No-1 ].Position.Y;
    zp0 := IM_FACE[ Make_Face_No-1 ].Position.Z;
    YA0 := IM_FACE[ Make_Face_No-1 ].RotationAngle.Y;

    for i := Make_Face_No-1 downto 1 do // IM_Face[0] 은 제외
    begin
      IM_FACE[ i ].AnimateFloat('Position.X', IM_FACE[i-1].Position.X, dr );
      IM_FACE[ i ].AnimateFloat('Position.Y', IM_FACE[i-1].Position.Y, dr );
      IM_FACE[ i ].AnimateFloat('Position.Z', IM_FACE[i-1].Position.Z, dr );
      IM_FACE[ i ].AnimateFloat('RotationAngle.Y', IM_FACE[i-1].RotationAngle.Y,
dr );
    end;
    //  IM_Face[0] 여기서 이동
    IM_FACE[ 0 ].AnimateFloat('Position.X', xp0, dr );
```

```
    IM_FACE[ 0 ].AnimateFloat('Position.Y', yp0, dr );
    IM_FACE[ 0 ].AnimateFloat('Position.Z', zp0, dr );
    IM_FACE[ 0 ].AnimateFloat('RotationAngle.Y', YA0, dr );
  end;
end;
```

03 Cyinder_Make 프로시저는 이미지 갯수를 동적으로 생성할 수 있으므로 FormCreate와 ComboBox1Change 이벤트 때 Cylinder_Make(8, 0)와 같은 방식으로 호출합니다. 넘버 8은 이미지 여덟 개를 생성하게 되고 두 번째 파라미터 0은 실린더, 1은 트위스터를 의미합니다.

```
procedure TForm1.ComboBox1Change(Sender: TObject);
begin
  case Combobox1.ItemIndex of
    0 : Cylinder_Make( 8, 0 );
    1 : Cylinder_Make( 8, 1 );
  end;
end;
```

04 소스 입력 작업이 완료되었으면 실행해서 확인합니다.

이번 예제에서는 이미지 개수를 동적으로 지정하여 두 가지 형태의 3D UI 오브젝트를 구성해 보았습니다. 3D 오브젝트의 위치와 배열을 달리하면 손쉽게 다양한 형태의 구성이 가능하므로 여러가지 형태로 변형해서 적용해 보시기 바랍니다.

4. 커버플로우

커버플로우 UI는 스마트폰에서 자주 활용되는 친숙한 UI 입니다. 마치 책장을 넘기듯이 좌우로 터치 슬라이드 시키면서 해당 이미지 등을 순차적으로 볼 수 있게 합니다. 이와 같은 구조의 커버플로우 3D UI를 제작해 보도록 하겠습니다.

|||||||| **따 라 하 기** ||||||||||||||||||||||||||||||||||||||||||||||||||||||||||||||||

01 앞 절과 마찬가지로 큐브 구성 시 생성한 따라하기 프로젝트와 같은 방법으로 1 번에서 6 번까지 동일한 작업을 진행합니다. 이번에도 실린더 생성 방식과 동일하게 동적으로 생성되는 각 3D 오브젝트들을 개별적으로 회전시키기 때문에 TDummy를 사용하지는 않습니다.

02 오브젝트 생성은 PSlide_Make를 사용하고 회전은 PSlide_Rotate를 사용해서 제작합니다. 기타 구조는 실린더 생성 방식과 동일합니다.

```
procedure TForm1.PSlide_Make( iNo : integer );
var
  i : integer;
begin
  Object_Clear();

  for i := 0 to iNo-1 do
  begin
    IM_FACE[ i ] := TImage3D.Create( nil );
    IM_FACE[ i ].Parent := MViewport3D;
    IM_FACE[ i ].Bitmap.LoadFromFile( ResPath + '00' + IntToStr( i+1 ) + '.png'
);
    IM_FACE[ i ].WrapMode := TImageWrapMode.iwFit;         // FMX.Objects
    IM_FACE[ i ].HitTest := False;  // MViewport3D 를 터치함.
    IM_FACE[ i ].Tag := i;

    IM_FACE[ i ].Width  := 6;
    IM_FACE[ i ].Height := 6;
    IM_FACE[ i ].Depth  := 0.01;

    if i = 0 then
    begin
      IM_FACE[ i ].Position.X := 0;
      IM_FACE[ i ].Position.Y := - IM_FACE[ i ].Height * 0.5;
```

```
       IM_FACE[ i ].Position.Z := -5.0;  // 중앙이미지는 앞으로 튀어나와 보이게
       IM_FACE[ i ].Opacity := 1.0;
    end
    else
    begin
      IM_FACE[ i ].Position.X := IM_FACE[ i ].Width * (i+1) * 0.5;  // Width/2
만큼씩 X좌표 설정
      IM_FACE[ i ].Position.Y := - IM_FACE[ i ].Height * 0.5;
      IM_FACE[ i ].Position.Z := 10;
      IM_FACE[ i ].RotationAngle.Y := 70;
      IM_FACE[ i ].Opacity := 0.4;
    end;
  end;

  Make_Face_No := iNo;                 // Face(bmp) 갯수를 전역변수에 저장
  Cur_imgNo := 0;                      // PSlide_Rotate 한번 호출시 하나씩 증가.
  PrePosX := IM_FACE[ 1 ].Position.X;  // Rotate 처리위해 우측 첫번째 IMG 좌표 기억.
end;


//-----------------------------------------------------------------------------
procedure TForm1.PSlide_Rotate( CCW : Boolean );
var
  i : integer;
  dr : single;
begin
  dr := 0.5;
  RotateTimer.Interval := 500;  // dr * 1000;

if CCW = True then
  begin
    for i := 0 to Make_Face_No-1 do
    begin
      IM_FACE[ i ].StopPropertyAnimation('Position.Z');
      IM_FACE[ i ].StopPropertyAnimation('Position.X');
      IM_FACE[ i ].StopPropertyAnimation('RotationAngle.Y');

      if IM_FACE[ i ].Position.X = 0 then     // 중앙은 -X 축으로 빠짐
      begin
        IM_FACE[ i ].AnimateFloat('RotationAngle.Y', -70, dr );
        IM_FACE[ i ].AnimateFloat('Position.X', -PrePosX, dr );
        IM_FACE[ i ].AnimateFloat('Position.Z',  10, dr );
        IM_FACE[ i ].AnimateFloat( 'Opacity', 0.4, dr);
      end
      else if IM_FACE[ i ].Position.X = PrePosX then  // 우측 첫번째 중앙이동
      begin
        IM_FACE[ i ].AnimateFloat('RotationAngle.Y', 0, dr );
        IM_FACE[ i ].AnimateFloat('Position.X', 0, dr );
```

```
          IM_FACE[ i ].AnimateFloat('Position.Z', -5.0, dr );
          IM_FACE[ i ].AnimateFloat( 'Opacity', 1.0, dr);
      end
      else    // 나머지는 한칸씩 좌로 이동
      begin
        if  i = 0 then
          IM_FACE[ i ].AnimateFloat('Position.X',IM_FACE[i].Position.X
-PrePosX*0.5, dr)
          else
            IM_FACE[ i ].AnimateFloat('Position.X', IM_FACE[i-1].Position.X, dr );
      end;
    end;
  end
  //-------------------------------
else if CCW = False then
  begin
    for i := 0 to Make_Face_No -1 do
    begin
      IM_FACE[ i ].StopPropertyAnimation('Position.Z');
      IM_FACE[ i ].StopPropertyAnimation('Position.X');
      IM_FACE[ i ].StopPropertyAnimation('RotationAngle.Y');

      if IM_FACE[ i ].Position.X = 0 then    // 중앙은 +X 축으로 빠짐
      begin
        IM_FACE[ i ].AnimateFloat('RotationAngle.Y', 70, dr );
        IM_FACE[ i ].AnimateFloat('Position.X', PrePosX, dr );
        IM_FACE[ i ].AnimateFloat('Position.Z', 10, dr );
        IM_FACE[ i ].AnimateFloat( 'Opacity', 0.4, dr);
      end
      else if IM_FACE[ i ].Position.X = -PrePosX then   // 좌측 첫번째 중앙이동
      begin
        IM_FACE[ i ].AnimateFloat('RotationAngle.Y', 0, dr );
        IM_FACE[ i ].AnimateFloat('Position.X', 0, dr );
        IM_FACE[ i ].AnimateFloat('Position.Z', -5.0, dr );
        IM_FACE[ i ].AnimateFloat( 'Opacity', 1.0, dr);
      end
      else    // 나머지는 한칸씩 우로 이동
      begin
        if  i = Make_Face_No-1 then
          IM_FACE[ i ].AnimateFloat('Position.X',IM_FACE[i].Position.X +
PrePosX*0.5, dr)
          else
            IM_FACE[ i ].AnimateFloat('Position.X', IM_FACE[i+1].Position.X, dr );
      end;
    end;
  end;
end;
```

03 PSlide_Make의 호출은 생성할 이미지 갯수만을 지정하여 PSlide_Make(8)과 같이 호출합니다. 프로젝트 예제에서 커버플로우만 제작하므로 폼 하단의 레이아웃과 콤보박스 및 관련 핸들러는 삭제하여도 됩니다.

04 작업이 완료되었으면 실행하여 결과를 확인합니다.

PSlide_Rotate 프로시저는 약간 복잡합니다만 오른쪽에서 왼쪽으로 이미지를 이동 시키면서 중앙에 오는 이미지만 앞쪽 -Z축 방향으로 당겨 보이게 하는 것이 핵심입니다. 또한 뒤 쪽에 위치한 이미지들의 경우 투명도(Opacity) 값을 변경하여 약간 반투명하게 보이도록 하였습니다. 소스를 잘 살펴보시고 상황에 맞게 변형에서 여러가지 모습으로 변형해서 적용이 가능하도록 연습해보시기 바랍니다.

5. TLayer3D로 3D/2D 복합 UI 구성

지금까지 3D 오브젝트를 활용하여 몇가지 3D UI를 제작하였습니다. 이번에는 3D 오브젝트와 2D 오브젝트들을 혼합하여 2D 오브젝트들이 3D 폼에서 어떤 식으로 동작하는지 알아보겠습니다.

2D 오브젝트들을 3D 폼이나 TViewport3D 위에 바로 배치할수는 없습니다. 좌표 체계가 다르므로 당연한 현상입니다. 그러나 이를 가능하게 해주는 것이 바로 TLayer3D입니다. TLayer3D 자신은 3D 오브젝트이기 때문에 3D 뷰포트에 배치가 가능합니다. 그러면서 Layer의 성질을 가지고 있기 때문에 2D 오브젝트들을 자식으로 포함 할 수가 있습니다. 따라서 2D 오브젝트들을 TLayer3D 위에 배치시키는 방법으로 2D 오브젝트들을 3D Form이나 TViewport3D 위에 배치할 수가 있고 이를 이용한 3D, 2D 복합 UI 구성을 해보겠습니다.

01 3D 폼을 베이스로 하는 새로운 모바일 프로젝트를 생성합니다.

02 만들어진 3D 폼위에 TLayer3D 3개를 그림처럼 배치하고 각각의 이름을 'ALayer3D', 'BLayer3D', 'CLayer3D'로 지정합니다.

03 각각의 TLayer3D 위에 임의의 2D 콤포넌트들을 추가합니다. 이번 따라하기에서는 각 레이어간 구별을 위한 것이므로 임의로 구성하고 실제 앱 개발 시에는 필요한 2D 오브젝트를 추가하면 됩니다.

04 구성된 TLayer3D를 사용자의 제스처 이벤트에 따라 3D 좌표로 이동 및 회전시키기 위해 TGestureManager를 하나 배치합니다.

05 TLayer3D의 초기 배치와 폼 사이즈 변경 시 위치와 크기를 지정하기 위해서 FormCreate 와 FormResize 이벤트 핸들러를 다음과 같이 작성합니다.

```pascal
procedure TForm1.Form3DCreate(Sender: TObject);
begin
  // 최초 Position.X 위치를 A < B < C 순으로 배치.
  BLayer3D.Position.X := ALayer3D.Position.X + 10 ;
  CLayer3D.Position.X := BLayer3D.Position.X + 10;
end;

//***********************************************************
procedure TForm1.Form3DResize(Sender: TObject);
begin
  ALayer3D.Width  := ClientWidth;   ALayer3D.Height := ClientHeight;
  BLayer3D.Width  := ClientWidth;   BLayer3D.Height := ClientHeight;
  CLayer3D.Width  := ClientWidth;   CLayer3D.Height := ClientHeight;

  CenterPosX := ClientWidth * 0.5;
  LeftPosX   := CenterPosX - ClientWidth;
  RightPosX  := CenterPosX + ClientWidth;

if ( ALayer3D.Position.X < BLayer3D.Position.X ) and
( BLayer3D.Position.X < CLayer3D.Position.X ) then  // A < B < C
  begin
    ALayer3D.Position.Vector := Vector3D( LeftPosX,   ALayer3D.Height*0.5, 0 );
    BLayer3D.Position.Vector := Vector3D( CenterPosX, BLayer3D.Height*0.5, 0 );
    CLayer3D.Position.Vector := Vector3D( RightPosX,  CLayer3D.Height*0.5, 0 );
    ALayer3D.RotationAngle.X := RotAngle;
    CLayer3D.RotationAngle.X := RotAngle;
  end
else if ( BLayer3D.Position.X < CLayer3D.Position.X ) and
( CLayer3D.Position.X < ALayer3D.Position.X ) then  // B < C < A
  begin
    BLayer3D.Position.Vector := Vector3D( LeftPosX,   BLayer3D.Height*0.5, 0 );
    CLayer3D.Position.Vector := Vector3D( CenterPosX, CLayer3D.Height*0.5, 0 );
    ALayer3D.Position.Vector := Vector3D( RightPosX,  ALayer3D.Height*0.5, 0 );
    BLayer3D.RotationAngle.X := RotAngle;
    ALayer3D.RotationAngle.X := RotAngle;
  end
else if ( CLayer3D.Position.X < ALayer3D.Position.X ) and
( ALayer3D.Position.X < BLayer3D.Position.X ) then  // C < A < B
  begin
    CLayer3D.Position.Vector := Vector3D( LeftPosX,   CLayer3D.Height*0.5, 0 );
    ALayer3D.Position.Vector := Vector3D( CenterPosX, BLayer3D.Height*0.5, 0 );
```

```
    BLayer3D.Position.Vector := Vector3D( RightPosX,  ALayer3D.Height*0.5, 0 );
    CLayer3D.RotationAngle.X := RotAngle;
    BLayer3D.RotationAngle.X := RotAngle;
  end;
end;
```

06 이제 좌우 제스처 이벤트가 발생하였을때 Layer3D를 이동, 회전시키기 위해서 다음과 같이 이벤트 핸들러를 작성합니다.

```
procedure TForm1.ListBox1Gesture(Sender: TObject; const EventInfo:
TGestureEventInfo; var Handled: Boolean);
begin
  case EventInfo.GestureID of
      sgiLeft : XPosMove_Left();
      sgiRight: XPosMove_Right();
  end;
end;


//------------------------------------------------------------------------------
--
procedure TForm1.XPosMove_Left;
begin
  if ( ALayer3D.Position.X < BLayer3D.Position.X ) and
     ( BLayer3D.Position.X < CLayer3D.Position.X ) then  // -> B < C < A
  begin
    BLayer3D.AnimateFloat( 'Position.X',  LeftPosX,  1.0 );
    BLayer3D.AnimateFloat( 'RotationAngle.X', RotAngle, 1.0 );
    CLayer3D.AnimateFloat( 'Position.X',  CenterPosX, 1.0 );
    CLayer3D.AnimateFloat( 'RotationAngle.X', 0,  1.0 );
    ALayer3D.AnimateFloat( 'Position.X',  RightPosX, 1.0 );
    ALayer3D.AnimateFloat( 'RotationAngle.X', RotAngle, 1.0 );
  end

  else if ( BLayer3D.Position.X < CLayer3D.Position.X ) and
          ( CLayer3D.Position.X < ALayer3D.Position.X ) then  // -> C < A < B
  begin
    CLayer3D.AnimateFloat( 'Position.X',  LeftPosX,  1.0 );
    CLayer3D.AnimateFloat( 'RotationAngle.X', RotAngle, 1.0 );
    ALayer3D.AnimateFloat( 'Position.X',  CenterPosX, 1.0 );
    ALayer3D.AnimateFloat( 'RotationAngle.X', 0,  1.0 );
    BLayer3D.AnimateFloat( 'Position.X',  RightPosX, 1.0 );
    BLayer3D.AnimateFloat( 'RotationAngle.X', RotAngle, 1.0 );
```

```
    end

  else if ( CLayer3D.Position.X < ALayer3D.Position.X ) and
          ( ALayer3D.Position.X < BLayer3D.Position.X ) then  // -> A < B < C
  begin
    ALayer3D.AnimateFloat( 'Position.X',  LeftPosX,   1.0 );
    ALayer3D.AnimateFloat( 'RotationAngle.X', RotAngle, 1.0 );
    BLayer3D.AnimateFloat( 'Position.X',  CenterPosX, 1.0 );
    BLayer3D.AnimateFloat( 'RotationAngle.X', 0,   1.0 );
    CLayer3D.AnimateFloat( 'Position.X',  RightPosX, 1.0 );
    CLayer3D.AnimateFloat( 'RotationAngle.X', RotAngle, 1.0 );
  end;
end;


//-----------------------------------------------------------------------------
-------
procedure TForm1.XPosMove_Right;
begin
  if ( ALayer3D.Position.X < BLayer3D.Position.X ) and
     ( BLayer3D.Position.X < CLayer3D.Position.X ) then  // -> C < A < B
  begin
    CLayer3D.AnimateFloat( 'Position.X',  LeftPosX,   1.0 );
    CLayer3D.AnimateFloat( 'RotationAngle.X', RotAngle, 1.0 );
    ALayer3D.AnimateFloat( 'Position.X',  CenterPosX, 1.0 );
    ALayer3D.AnimateFloat( 'RotationAngle.X', 0,   1.0 );
    BLayer3D.AnimateFloat( 'Position.X',  RightPosX, 1.0 );
    BLayer3D.AnimateFloat( 'RotationAngle.X', RotAngle, 1.0 );
  end
  else if ( BLayer3D.Position.X < CLayer3D.Position.X ) and
          ( CLayer3D.Position.X < ALayer3D.Position.X ) then  // -> A < B < C
  begin
    ALayer3D.AnimateFloat( 'Position.X',  LeftPosX,   1.0 );
    ALayer3D.AnimateFloat( 'RotationAngle.X', RotAngle, 1.0 );
    BLayer3D.AnimateFloat( 'Position.X',  CenterPosX, 1.0 );
    BLayer3D.AnimateFloat( 'RotationAngle.X', 0,   1.0 );
    CLayer3D.AnimateFloat( 'Position.X',  RightPosX, 1.0 );
    CLayer3D.AnimateFloat( 'RotationAngle.X', RotAngle, 1.0 );
  end
  else if ( CLayer3D.Position.X < ALayer3D.Position.X ) and
          ( ALayer3D.Position.X < BLayer3D.Position.X ) then  // -> B < C < A
  begin
    BLayer3D.AnimateFloat( 'Position.X',  LeftPosX,   1.0 );
    BLayer3D.AnimateFloat( 'RotationAngle.X', RotAngle, 1.0 );
    CLayer3D.AnimateFloat( 'Position.X',  CenterPosX, 1.0 );
    CLayer3D.AnimateFloat( 'RotationAngle.X', 0,   1.0 );
```

```
    ALayer3D.AnimateFloat( 'Position.X',  RightPosX,  1.0 );
    ALayer3D.AnimateFloat( 'RotationAngle.X', RotAngle, 1.0 );
  end;
end;
```

07 실행시켜서 좌우 터치 슬라이드 이벤트 발생 시 2D 오브젝트를 포함한 TLayer3D가 회전, 이동하는지 확인합니다.

이번 따라하기 예제를 응용하여 다양한 2D, 3D 복합 UI 구성을 연습해 보도록 합시다.

[활용실습]

3D Form 위에 TPlane로 3D 버튼 UI 구성하기

과제 : 3D Viewport 위에 TPlane들을 배열하고 이를 터치 시 360도 회전하는 3D UI를 구성해 보세요. TPlane은 TTexture MaterialSource를 이용하여 비트맵 이미지를 입히시기 바랍니다.
과제의 결과는 제공되는 프로젝트 소스를 참고하시기 바랍니다. (Tip! Tplane 클릭 이벤트에 해당 각도를 적절히 변화하여 다양하게 회전하도록 애니매이션 효과를 주세요)

부록

델파이 단축키
파이어몽키 스타일(Styles)
사물인터넷(IoT)과 블루투스
플랫폼 SDK/API 및 안드로이드.jar 사용하기
EMS(Enterprise Mobility Services) 이용하기

M o b i l e   A p p

1장

델파이 단축키

델파이에서 자주 쓰는 기능에 대한 단축키를 잘 활용한다면 작업이 편리할 뿐만 아니라 개발자의 소중한 시간을 아낄수 있습니다.

다음은 델파이가 제공하는 단축키입니다.

소스 에디터 기본 단축키

단축키	작업
Alt + [	해당 구분 기호 찾기(앞으로)
Alt +]	해당 구분 기호 찾기(역방향)
Alt + ←	Alt + ↑ 또는 Ctrl + 클릭(선언부로 이동) 작업 이전 위치로 돌아감
Alt + F7	Messages View에 표시되기 전에 오류 또는 메시지의 위치로 이동
Alt + F8	Messages View에 표시된 다음 오류 또는 메시지의 위치로 이동
Alt + PgDn	다음 탭으로 이동
Alt + PgUp	이전 탭으로 이동
Alt + →	Alt + ← 작업 이전 위치로 이동
Alt + Shift + ↓	커서를 한 줄 아래로 이동하여 원래의 커서 위치의 오른쪽에서 단일 열 선택
Alt + Shift + End	커서 위치부터 현재 줄의 끝까지 선택
Alt + Shift + Home	커서 위치부터 현재 줄의 처음까지 선택
Alt + Shift + ←	왼쪽의 열을 선택
Alt + Shift + PgDn	커서를 한 화면 아래로 이동하고 원래의 커서 위치 유지
Alt + Shift + PgUp	커서를 한 화면 위로 이동하고 원래의 커서 위치 유지

단축키	작업
Alt + Shift + →	오른쪽 열 선택
Alt + Shift + ↑	커서를 한 줄 위로 이동하여 원래의 커서 위치의 오른쪽에서 단일 열 선택
Alt + ↑	선언 부로 이동
Click + Alt + Mousemove	열 단위 블록 선택
Ctrl + /	선택한 코드 블록의 각 행에 //를 추가하여 코드를 주석으로 처리하거나, 제거
Ctrl + Alt + F12	열려 있는 파일의 드롭다운 목록을 표시
Ctrl + Alt + Shift + End	커서 위치에서 화면 끝까지 열을 선택
Ctrl + Alt + Shift + Home	커서 위치에서 화면 시작까지 열을 선택
Ctrl + Alt + Shift + ←	왼쪽의 열 선택
Ctrl + Alt + Shift + PgDn	커서 위치에서 현재 파일의 끝까지 열을 선택
Ctrl + Alt + Shift + PgUp	커서 위치에서 현재 파일의 시작 부분까지 열을 선택
Ctrl + Alt + Shift + →	오른쪽의 열 선택합니다
Ctrl + BackSpace	커서의 왼쪽으로 한 단어 삭제(앞의 공백까지의 문자 삭제)
Ctrl + Click	선언 부로 이동
Ctrl + Delete	선택된 블록 삭제
Ctrl + ↓	아래에 한 줄 스크롤
Ctrl + End	파일의 끝으로 이동
Ctrl + Enter	커서 위치의 파일을 오픈
Ctrl + Home	파일 시작 부분으로 이동
Ctrl + I	커서 위치에 탭 문자 삽입
Ctrl + J	템플릿 팝업 메뉴 오픈
Ctrl + K + n	커서 위치에 책갈피 설정 (n은 0 ~ 9의 숫자)
Ctrl + K + E	현재 단어를 소문자로 변환
Ctrl + K + F	현재 단어를 대문자로 변환
Ctrl + K + T	커서 위치의 한 단어 선택
Ctrl + ←	한 단어 왼쪽으로 이동
Ctrl + n	책갈피로 이동 (n은 0-9의 책갈피 번호)
Ctrl + N	커서 위치에 줄 바꿈 삽입
Ctrl + O + C	열 단위 블록 모드 선택
Ctrl + O + K	열 단위 블록 모드 해제
Ctrl + O + L	행 방향 블록 모드 선택
Ctrl + O + O	컴파일러 옵션 삽입
Ctrl + P	다음 문자를 ASCII 시퀀스로 해석
Ctrl + PgDn	화면의 맨 아래로 이동
Ctrl + PgUp	화면 상단으로 이동
Ctrl + Q + #	커서 위치에 책갈피 설정
Ctrl + →	한 단어 오른쪽으로 이동
Ctrl + Shift + C	커서 위치의 클래스 선언에 대응하는 클래스 보완을 시작

단축키	작업
Ctrl + Shift + #	커서 위치에 책갈피 설정
Ctrl + Shift + B	버퍼 목록 표시
Ctrl + Shift + ↓	선언에서 구현 또는 구현에서 선언으로 이동
Ctrl + Shift + Enter	사용 항목 검색
Ctrl + Shift + J	동기화 편집 모드 선택
Ctrl + Shift K‑A	모든 코드 블록 확장
Ctrl + Shift K + C	모든 클래스 축소
Ctrl + Shift K + E	코드 블록 축소
Ctrl + Shift K‑G	초기화/종료 또는 인터페이스/구현
Ctrl + Shift K + M	모든 메서드 축소
Ctrl + Shift K + N	네임 스페이스/단위 축소
Ctrl + Shift K + O	코드 축소를 활성화 또는 비활성화 전환
Ctrl + Shift K + P	중첩된 절차 축소
Ctrl + Shift K + R	모든 영역 축소
Ctrl + Shift K‑T	현재 블록의 축소 및 확장을 전환
Ctrl + Shift K‑U	코드 블록 확장
Ctrl + Shift + End	커서 위치에서 현재 파일의 끝까지 선택
Ctrl + Shift + G	새로운 글로벌 고유 식별자(GUID) 삽입
Ctrl + Shift + Home	커서 위치에서 현재 파일의 처음까지 선택
Ctrl + Shift + I	선택된 블록 들여쓰기
Ctrl + Shift + ←	커서의 왼쪽으로 한 단어를 선택
Ctrl + Shift + P	기록된 키 스트로크 매크로 재생
Ctrl + Shift + PgDn	커서 위치에서 화면의 하단까지 선택
Ctrl + Shift + PgUp	커서 위치에서 화면 상단을 선택
Ctrl + Shift + →	커서의 오른쪽으로 한 단어 선택
Ctrl + Shift + Space	코드 파라미터 팝업 오픈
Ctrl + Shift + T	To‑Do 항목 추가 대화 상자 오픈
Ctrl + Shift + Tab	이전 코드 페이지(또는 파일)로 이동
Ctrl + Shift + Tab	이전 페이지로 이동
Ctrl + Shift + U	선택된 블록 들여쓰기 해제
Ctrl + Shift + ↑	선언에서 구현 또는 구현에서 선언으로 이동
Ctrl + Shift + Y	커서 위치부터 줄 끝까지 삭제
Ctrl + Space	코드 완성 팝업창 오픈
Ctrl + T	오른쪽으로 한 단어 삭제(다음 스페이스까지의 문자가 삭제됨)
Ctrl + Tab	다음 코드 페이지(또는 파일)로 이동
Ctrl + ↑	한 행 위로 스크롤
Ctrl + Y	현재 행 삭제
F1	선택된 정규화된 네임스페이스의 도움말 표시

단축키	작업
Shift + Alt + arrow	열 단위 블록 선택
Shift + BackSpace	커서의 왼쪽 문자 삭제
Shift + ↓	커서를 한 화면 아래로 이동하여 원래의 커서 위치의 오른쪽에서 현재 위치까지 선택
Shift + End	커서 위치부터 현재 줄의 끝까지 선택
Shift + Enter	커서 위치에 새 줄 삽입
Shift + Home	커서 위치부터 현재 줄의 처음까지 선택
Shift + ←	커서의 왼쪽 문자 선택
Shift + PgDn	커서를 한 화면 아래로 이동하여 원래의 커서 위치의 오른쪽에서 현재 위치까지 선택
Shift + PgUp	커서를 한 화면 위로 이동하여 원래의 커서 위치의 왼쪽에서 현재 위치까지 선택
Shift + →	커서의 오른쪽 문자 선택
Shift + Space	공백 삽입
Shift + Tab	커서를 왼쪽으로 한 탭 위치로 이동
Shift + ↑	커서를 한 줄 위로 이동하여 원래의 커서 위치의 왼쪽에서 현재 위치까지 선택

컴파일 및 실행

단축키	작업
F5	중단점(Break Point) 설정
F7	Trace Into
F8	Trace Over
F9	실행(Run)
Ctrl + F5	Add Watch
Ctrl + F7	Evaluate/Modif
Ctrl + F9	컴파일(Compile)

폼 디자이너

단축키	작업
Ctrl + (←,→,↑,↓)	컴포넌트 위치 이동
Ctrl + Shift + (←,→,↑,↓)	빠르게 컴포넌트 위치 이동
Shift + (←,→,↑,↓)	컴포넌트 크기 변경
컴포넌트 선택 후 ESC	부모 컴포넌트로 이동

화면 이동

단축키	작업
F11	오브젝트 인스펙터 보기
F12	Form/Unit 전환
Alt + 0	윈도우 리스트 보기
Alt + F10	현 위치에서 팝업 메뉴 띄우기
Ctrl + F12	유닛(Unit) 보기
Shift + F12	폼(Form) 보기

키 매크로 설정

단축키	작업
Ctrl + Shift + R	매크로 기록(사용자 정의 단축키) * 설정방법 : Ctrl+Shift+R 〉 원하는키 〉 Ctrl+Shift+R
Ctrl + Shift + P	매크로 실행

※ 상기 단축키들은 자주 사용하는 단축키를 정리한 것으로써 델파이에서 지원하는 모든 단축키를 정리한 것은 아닙니다.

2장

파이어몽키 스타일(Styles)

이 장은 마르코칸투가 작성한 수준 높은 문서인 [파이어몽키 심층분석 : 컴포넌트와 스타일]에서 발췌하였습니다.

1. VCL과 파이어몽키의 스타일

델파이 XE2부터, 엠바카데로 R&D팀은 기존의 VCL 콘트롤의 룩앤필(look-and-feel)을 변경할 수 있도록 하기 위해서 VCL 라이브러리에 스타일을 추가했습니다. VCL의 수준에서 각 UI 요소를 제어하기 위한 것입니다.

파이어몽키의 스타일(Styles)도 이와 관련된 기능으로 스타일 하나를 선택하면 전체 애플리케이션에 이 스타일이 적용됩니다. 즉 애플리케이션이 실행되는 중에도 이것을 변경하면 룩앤필을 바꿀 수도 있으며, 콘트롤에 다른 색상 세트를 적용하거나 그래픽 디자인 자체를 바꿀 수도 있습니다.

글로벌 스타일은 파이어몽키가 서로 다른 플랫폼과 운영체제(OS)에서도 동일한(버튼이나 에디트 박스와 같은) UI 콘트롤을 사용할 수 있도록 하는 기반기술입니다. 이것은 델파이가 단일 소스 코드로 멀티 디바이스 개발을 할 수 있게 해주는 매우 중요한 특성입니다.

파이어몽키 스타일을 모른다고해서 앱 개발을 하지 못하는 것은 아닙니다. 하지만 파이어몽키 스타일을 충분히 이해하게 되면 개발 능력이 현격히 높아질 것입니다.

윈도우나 기타 운영체제(OS)와는 달리, 파이어몽키의 버튼이나 에디트 박스는 라이브러리에 있는 순수 내장 구성 요소가 아니라, 하위 구성 요소들이 일정한 규칙에 따라 조합되어 만들어지는 콘트롤입니다. 그리고 이 조합 규칙(하위 구성 요소들이 조합되어 하나의 콘트롤을 만드는 방법)이 스타일입니다. 그리고 규칙, 즉 스타일에 의해서 콘트롤의 룩앤필, 작동, 프로퍼티, 생명주기 등 모든 것이 결정됩니다.

따라서 파이어몽키의 스타일을 이해하고자 한다면 기존의 VCL이나 다른 윈도우 관련 도구에 대한 생각은 잊어버리는 것이 좋습니다. 오히려 HTML과 CSS를 생각하는 편이 더 낫습니다. 파이어몽키 스타일은 라이브러리의 심장이며 기반입니다. 버튼이나 에디트 박스와 같이 최종 사용자가 사용하는 대부분의 콘트롤은 그저 하나의 "스타일"입니다!

2. 파이어몽키 스타일 예제

스타일을 이해하는 것과 파이어몽키의 내부 구조를 이해하는 것은 기본적으로 같은 것입니다. 어느 한쪽 없이 다른 쪽을 이해할 수 없습니다. 파이어몽키의 계층 구조는 이미 "1편-기초다지기, Part 1-3장 파이어몽키 이해하기"에서 학습한 바 있습니다. 좀 더 상세한 파이어몽키 라이브러리 구조와 클래스 계층 구조는 다음 [팁]에서 소개한 마르코 칸투의 기술 백서를 참조하시기 바랍니다.

 Tip

파이어몽키 심층 분석: 컴포넌트와 스타일

파이어몽키의 구조에서 컴포넌트와 스타일의 역할을 소개하고, 코드와 예제를 곁들여 상세하게 안내하는 문서입니다. 파이어몽키 사용법도 중요하지만, 구조를 이해하면 새로운 컨트롤들을 만들거나 더 유연하게 앱을 개발할 수 있습니다.
다음 링크를 참조하시기 바랍니다.

– 파이어몽키 심층분석: 컴포넌트와 스타일(http://bit.ly/1bEKQYo)
– 마르코 칸투(Delphi Product Manager, Embarcadero) 저
– 데브기어(http://www.devgear.co.kr) 역

그러면 다음 따라하기를 통하여 내부를 파악하시기 바랍니다.

||||||| **따 라 하 기** |||||||||||||||||||||||||||||||||||||||||||||||||||||||||||||||||||||||||||||||||||||||

파이어몽키 스타일에 대한 다음의 기본 예제는 개발자가 자세한 사항을 이해하지 않고도 스타일을 사용하여 할 수 있는 것이 무엇인지를 보여주기 위해 만들어졌습니다:

- 애플리케이션의 전체 룩앤필 변경, 즉 글로벌 스타일 변경.
- 레이블 콘트롤이 텍스트 콘트롤과 다르게 작동하는 이유를 이해.
- 스타일을 사용하여 콘트롤 안에 "숨겨진" 프로퍼티를 살짝 바꾸는 법.
- 공유 스타일을 활용하여 여러 콘트롤들의 프로퍼티들이 "항상 서로 일치하도록" 유지하는 법.
- 스타일을 기반으로 하는 복합 구조를 사용하여 다이나믹 서브-콘트롤을 만드는 법.

01 메인 메뉴 File > New > Multi-Device Application - Delphi (XE6 이하버전은 FireMonkey DeskTop Application - Delphi를 선택한 후 HD Application 선택)를 선택한 후 Blank Application을 선택합니다.

02 File > Save Project as.. 에서 유니트 이름을 "Unit_Style" 프로젝트 이름을 "Project_Style"로 저장합니다.

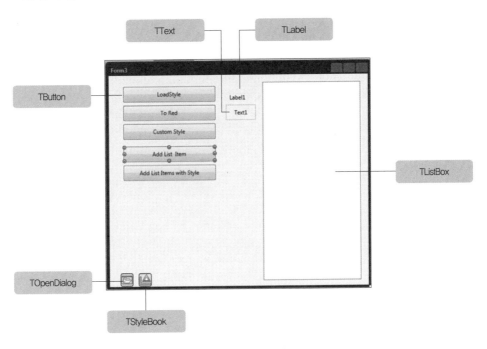

03 위와 같은 화면을 디자인하기 위해 다음 컴포넌트들을 추가하고 속성을 지정합니다.

컴포넌트	속성	값
TstyleBook		
TListBox		
TButton	Text	"Load Style"
TButton	Text	"To Red"
TButton	Text	"Custom Style"
TButton	Text	"Add List Item
TButton	Text	"Add List with Style "
TText	Text	Text1
TLabel		
TOpenDialog		

04 TForm 컴포넌트의 **StyleBook** 속성에 "StyleBook1"을 지정합니다.

05 어플리케이션의 전체 스타일을 변경하기 위해 첫 번째 버튼의 OnClick 이벤트 핸들러를 구현합니다.

```
procedure TForm1.Button1Click(Sender: TObject);
begin
  if OpenDialog1.Execute then
  begin
    StyleBook1.FileName := OpenDialog1.FileName;
    ListBox1.Items.Add ('Picked style ' +
    ExtractFileName (OpenDialog1.FileName));
  end;
end;
```

06 아래 화면처럼, OpenDialog에서 새 스타일을 선택하면 (C:\Users\Public\Documents \Embarcadero\Studio\15.0\Styles 폴더 안의 스타일들, 설치 컴퓨터에 따라 폴더가 틀릴 수 있습니다) UI 컨트롤의 대부분이 동시에 변경됩니다. 물론 모바일 앱에서도 해당 스타일이 적용됩니다.

 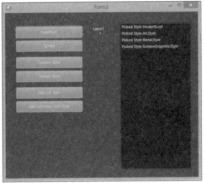

 Tip

글로벌 스타일을 사용하면 애플리케이션의 전체 룩앤필을 윈도우7, 윈도우8, 맥 OS X에 맞게 변경할 수 있습니다. 또한 iOS, 안드로이드 모바일 애플리케이션에서도 역시 스타일이 적용됩니다. 기술적으로 스타일은 별도의 외부 파일 또는 내부 리소스로 둘수 있습니다. 애플리케이션 전체에서 글로벌 스타일을 적용하려면 TStyleBook 컴포넌트 보다는 오히려 TStyleManager 클래스를 사용할 수 있습니다.

```
Uses FMX.Styles;

TStyleManager.SetStyleFromFile(OpenDialog1.FileName);
```

07 위에서 스타일을 적용했을 때 대부분은 스타일이 반영되지만 어떤 것은 스타일을 무시합니다. 예를 들면 Label 위의 텍스트는 검정색 배경 위에서 스타일에 의해 흰색으로 표시되지만 Text1의 텍스트는 여전히 검정색입니다.

 Tip

이 두 컨트롤은 겉에서 보기에는 매우 유사합니다. 이 두 컨트롤은 서로 어떻게 다를까요?
실제로 첫 번째 TLabel은 스타일이 적용되는 컨트롤입니다(TStyledControl 클래스에서 상속받은 클래스이기 때문입니다). 하지만 두 번째 TText는 스타일이 적용되지 않습니다. (TShape 또는 TControl의 다른 서브 클래스에서 상속받은 클래스, 즉 조상 클래스 중에 TstyledControl이 없는 경우에는 스타일을 인식하지 못하기 때문입니다.)

08 TText의 폰트 색상을 변경해 보도록 하겠습니다.

09 TText 컴포넌트의 OnClick 이벤트 핸들러를 다음과 같이 구현합니다(claRed 등의 상수를 사용하기 위해서는 유니트 소스의 interface의 uses 절에 System.UIConsts를 추가합니다). 앱을 실행하고 TText를 클릭하면 폰트 색상이 빨강색으로 변경됩니다.

```
unit unit_Style
interface
uses
FMX.Tyles, FMX.Forms, FMX.Graphics, FMX.Dialogs, FMX.StdCtrls...System.UIConsts;
.
.
procedure TForm1.TextClick(Sender:TObject);
begin
    Text1.TextSettings.FontColor := claRed;
end;
```

10 이번에는 Tlabel의 폰트 색상을 변경해 보겠습니다. 두 번째 버튼(To Red)의 OnClick 이벤트 핸들러를 구현하여 Label의 글자 색상을 변경해 보겠습니다.

```
procedure TForm1.Button2Click(Sender:TObject);
begin
  Label1.TextSettings.FontColor := claRed;
end;
```

위와 같이 구현하면 폰트의 색상이 변경될까요? 변경되지 않습니다. Label 콘트롤은 텍스트의 색상을 선택하기 위한 두 가지 옵션이 있는데 하나는 현재의 스타일이 무조건 반영되는 방식이고, 다른 하나는 TextSettings.FontColor 속성값을 반영하는 방식입니다. 따라서 이 두 방식 중 무엇을 적용할 것인지를 지정해 주는 또 다른 셋팅을 맞추어 주어야 합니다. StyleSettings 속성의 ssFontColor의 값이 그것입니다.

11 따라서 위의 코드가 작동하려면 아래와 같은 코드를 추가합니다.

```
procedure TForm1.Button2Click(Sender:TObject);
begin
  Label1.StyledSettings := Label1.StyledSettings - [TStyledSetting.ssFontColor];
  Label1.TextSettings.FontColor := claRed;
end;
```

 Tip

델파이 VCL 경험이 있는 분이라면 이것이 ParentColor 속성과 비슷하게 보여질 것입니다. 그러나 ParentColor 속성이 부모 오브젝트의 색상이 디펄트로 선택되는 것과는 달리, StyledSettings는 콘트롤의 화면 그래픽 표준 요소를 내부의 자체 설정값이 아니라 "스타일"에서 가져옵니다.

12 이번에는 사용자 정의 스타일을 만들어서 그룹 안에 있는 컨트롤들 사이에서 공유하겠습니다. StyleBook 컴포넌트를 더블클릭하면 아래와 같이 스타일 에디터가 표시됩니다.

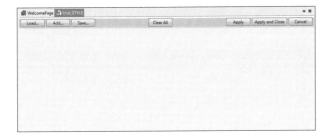

13 Load 버튼을 클릭하여 스타일 중 Air.Style을 선택합니다.
(다른 스타일을 사용해도 됩니다).

14 스트럭처 뷰에서 가장 상위 노드의 레이아웃을 선택한 후(선택한 스타일에 따라 이름이 다를 수 있음) TLayout 컴포넌트를 드래그하여 가장 상위의 레이아웃에 드롭하여 추가합니다.

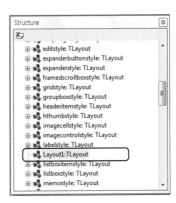

15 최상위 레이아웃 아래에 추가된 TLayout을 선택하고(보통 Layout1 또는 Layout2로 생성됨) 오브젝트 인스펙터에서 StyleName 속성을 "MyButtonStyle" 이라고 지정합니다.

16 Apply And Close 버튼을 누르고 에디터를 나와서 다시 TStyleBook 컴포넌트를 더블클릭하여 다시 에디터로 들어와 스트럭쳐 뷰에서 MyButtonStyle이 있는지 확인합니다.

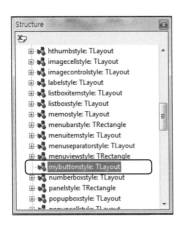
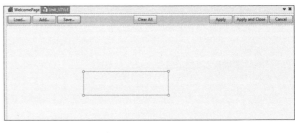

17 MyButtonStyle을 선택하고 TRectangle 컴포넌트를 드래그-드롭하여 MyButtonStyle의 하위 노드로 추가하고 다음과 같이 속성을 지정합니다.

컴포넌트	속성	값
TRectangle	Align	Client
	HitTest	False

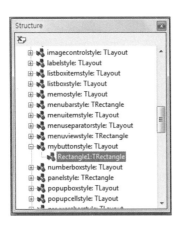
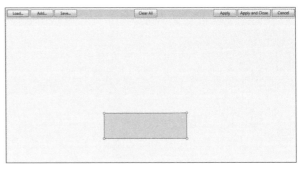

18 MyButtonStyle을 선택하고 **TText** 컴포넌트를 드래그 드롭하여 MyButtonStyle의 하위 노드로 추가하고 다음과 같이 속성을 지정합니다.

컴포넌트	속성	값
TText	Text	MyButton
	Align	Client
	HitTest	False

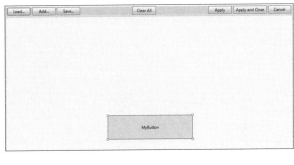

19 마지막으로 MyButtonStyle을 선택하고 **TGlowEffect** 컴포넌트를 드래그-드롭하여 MyButtonStyle의 하위 노드로 추가하고 다음과 같이 속성을 지정합니다.

컴포넌트	속성	값
TGlowEffect	GlowColor	원하는 색상으로 지정(예:Deeppink)
	Opacity	1

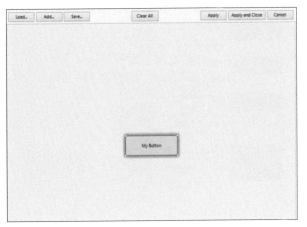
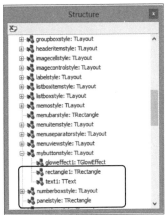

Tip

HitTest 속성은 어떤 의미 인가요?

마우스 클릭 이벤트가 해당 컨트롤에서 캡처 되는지 여부를 지정합니다. hitTest를 True로 설정하면 이 컨트롤은 마우스의 OnClick 및 OnDblClick 이벤트를 캡처합니다 그러나 hitTest를 False로 설정하면 Parent 컨트롤이 대신 마우스 이벤트를 받을 수 있도록 해줍니다. 위에서 만일 HitTest 속성을 기본 값인 True로 지정하면 버튼의 스타일을 MyButtonStyle로 설정하며 버튼의 OnClick 및 OnDblClick 이벤트를 사용하지 못할 것입니다. 왜냐하면 MyButtonStyle의 Rectangle이나 Text의 컴포넌트의 클릭이나 더블 클릭이 캡처되기 때문입니다.

20 Save 버튼으로 자기만의 스타일로(예: MyFormStyle.Style) 저장합니다.

21 Apply And Close 버튼을 클릭하여 에디터를 종료합니다.

22 "Custom Style" 버튼을 선택하고 오브젝트 인스펙터에서 StyleLookup 속성을 클릭해 보면 다음과 같이 작성한 "MyButtonStyle"이 표시됩니다.

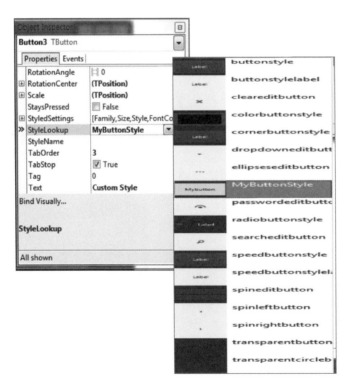

23 StyleLookup 속성을 "MyButtonStyle"로 지정하면 다음과 같이 우리가 직접 만든 버튼의 스타일이 적용됩니다.

24 StyleLookup 속성 값을 다시 일반 ButtonStyle로 변경하고 이번에는 코드를 통해서 동적으로 적용해 보겠습니다.

25 세 번째 ("Custom Style") 버튼의 OnClick 이벤트 핸들러를 다음과 같이 작성하면 버튼을 클릭할 때마다 스타일이 변경되는 것을 확인할 수 있습니다.

```
procedure TForm1.Button3Click(Sender:TObject);
begin
If Button3.StyleLookup = 'MyButtonStyle' then
  Button3.StyleLookup := 'Buttonstyle'
else
  Button3.StyleLookup := 'MyButtonStyle';
end;
```

StyleBook 컴포넌트에서 다른 스타일을 적용해 보면 여전히 MyButtonStyle이 유효할까요? 이 컨테이너에는 MyButtonStyle이 없기 때문에 적용이 안 되고 디폴트 버튼 스타일로 적용됩니다.

26 다소 복잡한 아이템(텍스트와 이미지)들을 리스트 박스에 추가하고자 합니다. Button4의 OnClick 이벤트 핸들러를 다음과 같이 구현합니다.

```
procedure TForm1.Button4Click(Sender:TObject);
var
  listItem: TListBoxItem;
  itemText: TText;
  itemImage: TImage;
begin
  // create a new custom listbox item
  listItem := TListBoxItem.Create(ListBox1);
  listItem.Parent := ListBox1;
  listItem.Height := 150;
  itemText := TText.Create (ListBox1);
  itemText.Parent := listItem;
  itemText.Position.X  :=  5;
  itemText.Position.Y  := 5;
  itemText.Width := 190;
  itemText.Text := 'Blue_0.png';
  itemText.Font.Size := 16;
  itemImage := TImage.Create(ListBox1);
  itemImage.Parent := ListItem;
  itemImage.Position.X := 200;
  itemImage.Position.Y := 5;
itemImage.Bitmap.LoadFromFile ('Blue_0.png');
  // 여기에서 사용되는 이미지는 소스와 같이 제공됩니다
  // 실행 하실 때 실행파일과 같은 폴더에 넣고 실행하십시오
  listItem.Height := itemImage.Bitmap.Height;
end;
```

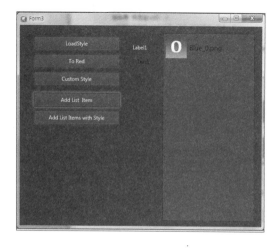

위와 같이 코딩으로서 유연성이 크게 떨어지는 솔루션 대신 스타일 사용을 선택할 수 있습니다. 새로운 스타일에서 이러한 하위 컨트롤들을 호스팅하는 레이아웃을 정의함으로써 리스트 박스 아이템들의 하위 요소를 정의할 수 있습니다.

27 TStyleBook 컴포넌트를 더블 클릭하여 스타일 에디터를 오픈합니다.

28 혹시 다른 스타일이 적용되어 있다면 Load 버튼으로 앞에서 작성한 "MyFormStyle.style" 을 다시 로드합니다.

29 스트럭처 뷰의 가장 상위 노드를 선택한 후 TLayout 컴포넌트를 드래그-드롭하여 차일드 로 추가하고 속성을 지정하고 사이즈를 적절하게 조절합니다.

컴포넌트	속성	값
TLayout	StyleName	NewStyle

30 TLayout 컴포넌트를 선택한 후 드래그-드롭하여 아래 컴포넌트들을 추가하고 속성을 지정 합니다.

컴포넌트	속성	값
TImage	StyleName	ImageItem
	Layout의 왼쪽에 아래와 같이 적당한 사이즈로 조절합니다.	
TText	StyleName	TextItem
	Layout의 오른쪽에 아래와 같이 적당한 사이즈로 조절합니다.	

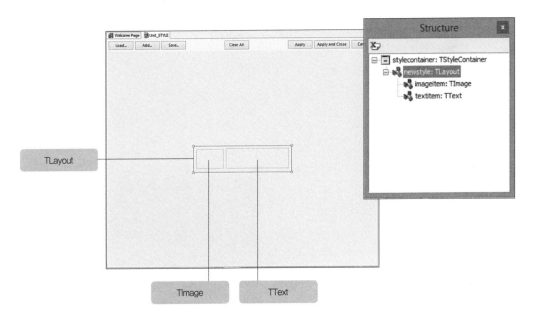

31 Save.. 버튼을 클릭하여 MyFormStyle로 다시 저장하고 Apply And Close 버튼을 클릭합니다."

32 마지막 버튼의 OnClick 이벤트 핸들러를 다음과 같이 작성합니다.

```
procedure TForm1.Button5Click(Sender: TObject);
var
 listItem: TListBoxItem;
 itemText: TText;
 itemImage: TImage;
begin
 // create a new custom listbox item
 listItem := TListBoxItem.Create(ListBox1);
 listItem.Parent := ListBox1;
 // force the items style, creating sub-elements
 listItem.StyleLookup := 'newstyle1';
 // customize the text
 itemText := listItem.FindStyleResource ('TextItem') as TText;
 if Assigned (itemText) then
        itemText.Text := 'peng_head.png';
 // customize the image
 itemImage := (listItem.FindStyleResource('ImageItem') as TImage);
 if Assigned (itemImage) then
 begin
   itemImage.Bitmap.LoadFromFile ('Blue_0.png');
   listItem.Height := itemImage.Bitmap.Height;
end
else
  ShowMessage ('Image binding element not found');
end;
```

33 프로그램을 테스트하여 앞에서 작성한 부분과 비교하여 봅니다.

스타일은 파이어몽키에서 UI를 멋지게 구현하는 데 사용되는 것뿐만 아니라 파이어몽키 플랫폼 개발 전체에 걸쳐 중요한 요소입니다. 파이어몽키 스타일의 강력함을 알고 이를 통해 동일한 UI 콘트롤을 다양한 운영체제(OS)와 UI 규칙에 적용할 수 있도록 연습하시기 바랍니다. 여기에서 살펴본 스타일은 빙산의 일각입니다. 파이어몽키에는 훨씬 많은 것들이 있습니다: 여기서는 단지 비트맵 기반 스타일의 바탕을 긁어본 정도입니다. 스타일을 네이티브 플랫폼 컨트롤에 연결하기 위해 사용되는 기술과 능력 (예를 들어 파이어몽키가 iOS에서 작동되는 기술)에 대해서는 사실 거의 다루지 않았습니다.

파이어몽키는 크로스-플랫폼 라이브러리 입니다. 이것은 스타일 아키텍처를 사용하여 단일 소스를 가지고 다양한 장비에 적용됩니다. 뿐만 아니라 추상화된 공통 UI를 가지고 매우 높은 수준으로 플랫폼에 충실한 UI를 제공합니다. 그 결과 여러분이 애플리케이션 UI를 만들 때 수준 높고 빠른 디자인 바탕을 만들 수 있는 좋은 기회를 제공합니다. 코드는 한번만 작성하고도 크로스 플랫폼을 커버할 수 있습니다. 여기에 견고하고 간결한 데이터 액세스 그리고 시각적인 데이터-바인딩 기능을 추가해 보십시오. 데스크탑과 모바일 애플리케이션을 모두 만드는 특별한 툴을 가지게 됩니다.

[활용실습]

모바일에서의 플랫폼 스타일 적용하기

과제 : 스타일 적용을 이용해서 플랫폼 별로 특정 스타일을 적용해 보시기 바랍니다. 과제의 결과는 제공되는 소스("Project_Multi_Style")를 참조하시기 바랍니다.

 Tip

윈도우/맥/iOS/Android 별 스타일을 지정하기 위하여 4개의 StyleBook을 사용하여 각각에 맞는 스타일을 지정하였으며 폼의 OnCreate 이벤트 핸들러에 플랫폼 별 해당 스킨을 적용하는 코드를 추가한 것을 눈여겨 보시기 바랍니다.

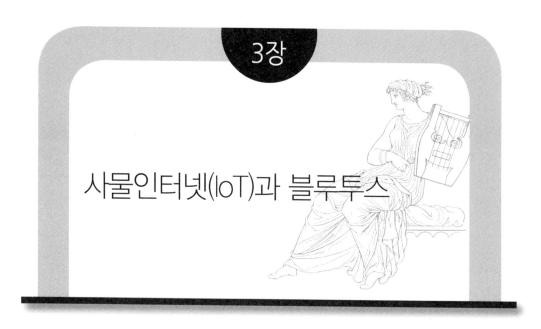

3장

사물인터넷(IoT)과 블루투스

사물인터넷은 세상의 모든 것을 인터넷으로 연결한다라는 의미입니다. PC나 스마트폰만이 아닌 모든 것들, 즉 시계, 센서, 가전 제품, 기계 등 다양한 기기들이 서로 연동이 되어 데이터를 주고 받으므로써 지금까지와는 다른 새롭고 편리한 시대가 될 것이라는 의미입니다.

물론 이러한 기술과 기능들은 과거에도 존재하였고 일부 적용되어 왔으나 현 시대의 스마트한 환경에서 더욱 관심이 고조되기 시작했습니다. 기존의 유선 랜을 이용한 연동 외에 무선랜, 블루투스, NFC 등 다양한 통신 방법이 사용되고 있습니다.

그러면 이러한 사물인터넷을 구현하기 위해서 어떤 요소 기술이 필요한지, 그리고 델파이로 할 수 있는 것은 무엇인지를 실습을 통해 학습합니다.

우선 사물인터넷을 활용한 다음과 같은 간단한 시나리오가 있다고 가정하겠습니다. 이 시나리오는 개인정보 보호 문제, 법률 상의 문제 등 현실적인 상황을 전혀 고려하지 않은, IoT 사례를 위한 단순한 가상 시나리오이므로 내용 자체 보다는 요소 기술에 집중하기 바랍니다.

– 평소 심장에 문제가 있던 환자가 심장박동 센서를 착용함
– 심박 센서는 본인의 스마트 디바이스와 연결함(블루투스LE)
– 심박 정보를 헬스케어 센터와 공유(전송) – 보호자 모니터링 및 주치의 활용(클라우드, WiFi)
– 응급 정보 감지(심박수 이상) 시 환자 및 보호자에게 알림(심박 정보 및 위치 정보)
– 필요 시 응급센터 안내 및 자동 호출

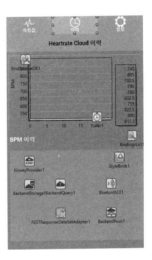

참고로 위 그림의 센서와 앱은 필자가 테스트용으로 사용한 심장박동 센서와 델파이로 구현한 앱의 화면입니다. 앱의 소스는 데브기어 기술지원 홈페이지(http://tech.devgear.co.kr)에서 다운받으실 수 있습니다. 실제로 위의 앱을 구현하고 테스트를 하려면 심박센서가 있어야 하겠지만 일단 참고만 해보시기 바랍니다.

위의 시나리오를 구현하기 위해서 필요한 주요 요소 기술들을 살펴보겠습니다. 우선 심박 센서를 스마트 디바이스에 연결하기 위해서는 블루투스를 이용할 것입니다. 그리고 스마트 폰에서는 심박 정보를 백엔드(클라우드) 서비스에 주기적으로 전송합니다. 또한 스마트 폰의 심박 정보를 모니터링하는 앱은 이상 상황 발생 시 환자나 보호자 또는 응급실 등 필요한 곳으로 알림을 주게 됩니다. 이때 스마트 폰의 위치 정보도 유용한 정보가 될 것입니다. 환자가 응급실이나 병원에 도착하게 되면 환자의 의료 정보 및 현재의 심박 정보를 테블릿 PC로 빠르게 확인 후 조치를 취할 수 있습니다.

위의 시나리오에서 필요로 하는 대표적인 요소 기술을 정리하자면 다음과 같습니다.

항목	주요 기술	Delphi 제공 기술
심박센서 연결	블루투스	블루투스 LE 컴포넌트, 클래식 블루투스 라이브러리, 앱테더링 (블루투스) 등의 블루투스 기술을 지원합니다. 심박센서는 헬스케어기기 특성(소량의 데이터, 작은 전력 필요)상 블루투스 LE 기술로 연결합니다.
심박정보 모니터링 앱(스마트폰, 스마트워치, 태블릿)	멀티-디바이스 앱 개발	멀티-플랫폼(안드로이드, iOS, 윈도우, 맥) 지원은 물론 다양한 디바이스의 화면크기에 맞게 최적의 UI를 개발할 수 있는 멀티-디바이스 개발을 지원합니다. 심박수 추이를 한눈에 볼 수 있도록 차트 컴포넌트(TChart)로 그래프로 표시하고, 스타일을 이용해 화면을 꾸미는 작업을 플랫폼과 디바이스 화면 크기에 맞도록 개발할 수 있습니다.
백엔드 서비스에 데이터 전송	백엔드 데이터 연결	REST 클라이언트, 데이터스냅, BaaS 클라이언트(클라우드), EMS(엔터프라이즈 모빌리티 서비스) 등으로 백엔드 데이터와 연결해 사용자 인증, 데이터 조회와 저장, 디바이스 접근 통제 등의 기능 개발이 가능합니다.
응급 상황 알림	원격 푸쉬 알림	BaaS 클라이언트의 TPushEvent, TBackendPush 컴포넌트를 이용해 원격 사용자에게 메시지를 전송할 수 있습니다.
스마트폰 위치 정보 확인	위치 센서	위치센서(TLocationSensor), 동작센서(TMotionSensor), 방향센서(TOrientationSensor)등의 다양한 센서 컴포넌트를 통해 스마트폰(스마트워치)의 위치와 동작, 방향에 대한 데이터를 수집할 수 있습니다.
의료정보를 태블릿으로 확인	앱 테더링	기 구축된 PC 애플리케이션에 2개의 컴포넌트를 추가하면 모바일과 IoT로 확장할 수 있습니다. 모바일 지원을 위해 처음부터 다시 시스템을 구축할 필요가 없습니다.

이미 느낌이 왔나요? 지금까지 "한번에 개발하는 Android/iOS 앱 with 델파이"를 학습했다면 이러한 기능들을 구현하는데 있어서 델파이가 최적의 도구 중 하나라는 생각이 드셨을 것입니다. 델파이는 위의 기능들을 쉽고 빠르고 명쾌하게 개발할 수 있습니다. 델파이는 IoT 시대에서 필요로 하는 여러가지 기능들을 이미 탑재하고 있을 뿐만 아니라 사용자의 스마트폰, 데스크탑 등 다양한 디바이스를 대상으로 일관성 있는 애플리케이션을 구현할 수 있는 최상의 툴입니다. 모바일 개발툴로 델파이를 선택했다면 IoT 시대를 대비하기 위해서 툴에 대한 고민을 할 필요가 없습니다. 적합한 장비와 기발한 아이디어만 있다면 개발과 유지보수는 델파이가 도와줄 것입니다.

1편, 2편을 학습하시는 동안 모바일 개발에 필요한 대부분의 기술들은 이미 습득한 상태입니다. 이제 블루투스를 활용하는 방법을 학습하도록 하겠습니다. 블루투스는 IoT 시대에 있어서 현재 가장 많이 사용하고 있는 통신 기술 중 하나입니다.

클래식 블루투스와 블루투스 LE

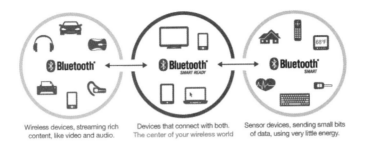

Wireless devices, streaming rich content, like video and audio.

Devices that connect with both. The center of your wireless world

Sensor devices, sending small bits of data, using very little energy.

블루투스는 클래식 블루투스와 블루투스LE가 있습니다. 물론 앞으로 더 좋은 블루투스 기술이 나타나겠지만 현재로서는 이 두 가지 블루투스가 사용되고 있습니다.

클래식 블루투스	블루투스 LE (Low Energy)
· 블루투스 LE 보다 처리량이 뛰어나다 · 데이터 전송 속도: 2Mbps · 소비전력이 크다 · 표준 블루투스 프로파일(SPP, DUN, PAN)에 근거한다 · 프로토콜은 최대 7 슬레이브로 제한된다	· 소량의 데이터를 주기적으로 전송에 적합 · 데이터 전송 속도: 100Kbps 미만 · 소비전력이 매우 적다 · GATT 프로파일에 근거한다 · 다수의 슬레이브를 지원한다 · 연결 시간이 짧고 페어링이 필요없다

기존의 전통적인 클래식 블루투스와 블루투스 LE의 제일 큰 차이점은 데이터 전송 속도와 소비 전력입니다. 클래식 블루투스는 데이터 전송량이 많은 음향기기, 핸즈프리 기기 등에 적합하며 블루투스 LE는 한번 충전으로 오랜 시간 동안 지속적으로 사용해야 하는 소형 센서 등에 주로 사용됩니다.

블루투스를 활용한 앱 개발

블루투스를 활용한 앱 개발은 델파이 기본 샘플을 통해 살펴볼 수 있습니다.

||||||| **따 라 하 기** ||||||||||||||||||||||||||||||||||||||||||||||||||||||||||||||||||

델파이 기본 샘플에서 제공하는 심박센서 연동 프로젝트를 통해 블루투스LE 컴포넌트 사용법 과 블루투스 연결에 대한 기본 정보를 알아봅니다. 실제 프로젝트를 열고 샘플 코드와 함께 이 글을 보시기 바랍니다.

Tip

블루투스LE GATT 프로필

GATT(일반 속성 프로파일)는 애플리케이션에서 표준 서비스를 사용하기 위해 서비스별로 정의한 것입니다. 예를 들어 Heart Rate(심박수)로 정의된 프로필은 심장박동 센서에서 심박수를 서비스하기 때문에 심장박동 센서에 Heart Rate 프로필이 등록됩니다. 이후 모바일과 같은 블루투스 LE 클라이언트는 주변의 Heart Rate 서비스를 감지하기 위해 Heart Rate 프로필로 장치를 탐색하여 데이터를 수집할 수 있습니다.

일반적으로 서비스는 고유번호로 제공되고, 블루투스 서비스의 식별자는 UUID 형태로 제공합니다. 예를 들면 Heart Rate 서비스는 고유번호 "0x180D"가 할당되고 블루투스 기본번호와 연결하면 UUID(전체 식별자)는 "0000180D-0000-1000-8000-00805F9B34FB"가 됩니다. 이 UUID 값은 아래의 따라하기에서 사용됩니다.

GATT에 대한 자세한 정보와 GATT 사양은 블루투스 웹사이트를 통해 더 자세히 알아볼 수 있습니다.

- **GATT(일반 속성 프로파일) 기술 개요**
  - https://developer.bluetooth.org/TechnologyOverview/Pages/GATT.aspx
- **GATT(일반 속성 프로파일) 사양**
  - https://developer.bluetooth.org/gatt/services/Pages/ServicesHome.aspx

01 델파이에서 "Samples₩Object Pascal₩Mobile Samples₩Device Sensors and Services₩Bluetooth₩HeartRateMonitor"경로의 HeartRateMonitor 프로젝트를 엽니다.

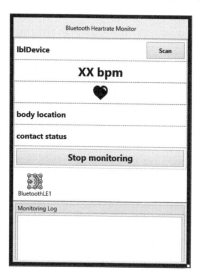

- 블루투스LE 기술을 사용하기 위해 델파이에는 TBluetoothLE 컴포넌트가 있습니다.

02 Scan 버튼을 클릭하면 주변 장치를 발견(DiscoverDevices)합니다. 이때 심박수(Heart Rate) 서비스를 제공하는 장치를 탐색하기 위해 심박수 서비스의 UUID(HRSERVICE)를 넣어 탐색합니다.

```
const
  HRSERVICE: TBluetoothUUID = '{0000180D-0000-1000-8000-00805F9B34FB}';

procedure TForm1.DoScan;
begin
  BluetoothLE1.DiscoverDevices(2500, [HRSERVICE]);
end;
```

03 장치가 발견되면 BluetoothLE1.OnEndDiscoverServices 이벤트가 발생합니다. 장치가 발견되면 서비스와 특성(Characteristic)을 검색(GetServiceAndCharacteristics)할 수 있습니다. (서비스는 서비스 정보를 제공하는 특성이 포함되어 있습니다. Heart Rate 서비스는 심박수를 측정할 수 있는 특성인 Heart Rate measurement(00002A37-0000-1000-8000-00805F9B34FB)와 센서의 위치를 지정하는 Body Sensor Location(00002A38-0000-1000-8000-00805F9B34FB)이 있습니다.)

```
const
  HRMEASUREMENT_CHARACTERISTIC: TBluetoothUUID = '{00002A37-0000-1000-8000-
00805F9B34FB}';
  BODY_SENSOR_LOCATION_CHARACTERISTIC: TBluetoothUUID = '{00002A38-0000-1000-
8000-00805F9B34FB}';

procedure TfrmHeartMonitor.GetServiceAndCharacteristics;
begin
  FHRGattService := nil;
  FHRMeasurementGattCharact := nil;
  FBodySensorLocationGattCharact := nil;

  // Heart Rate 서비스 UUID(HRSERVICE)로 서비스 검색
  FHRGattService := BluetoothLE1.GetService(FBLEDevice, HRSERVICE);
  if FHRGattService <> nil then
  begin
    Memo1.Lines.Add('Service found');
    FHRMeasurementGattCharact := BluetoothLE1.GetCharacteristic(FHRGattService,
HRMEASUREMENT_CHARACTERISTIC);
    FBodySensorLocationGattCharact := BluetoothLE1.GetCharacteristic(FHRGattServ
ice, BODY_SENSOR_LOCATION_CHARACTERISTIC);
```

```
    end;

    EnableHRMMonitorize(True);
    ReadBodySensorLocation;
end;
```

04 특성(Characteristic)의 현재 값을 읽으려면 ReadCharacteristic를, 메소드를 쓰려면
WriteCharacteristic 메소드를 사용할 수 있습니다.

또한 특성에 등록(가입)해 변경 시 정보를 얻을 수 있습니다. 예를 들어 심장박동 센서의
모니터링을 시작하려면 검색한 특성(GetCharacteristic)에 SubscribeToCharacteristic 메소
드를 사용해 심박수가 변경될 때마다 정보를 얻을 수 있습니다.(모니터링을 중지하려면
UnSubscribeToCharacterstic 메소드를 사용합니다.)

```
// 특성을 모니터링하기 위해 가입/해제
procedure TfrmHeartMonitor.EnableHRMMonitorize(Enabled: boolean);
begin
  if FHRMeasurementGattCharact <> nil then
  begin
    if Enabled then
      BluetoothLE1.SubscribeToCharacteristic(FBLEDevice,
FHRMeasurementGattCharact)
    else
      BluetoothLE1.UnSubscribeToCharacteristic(FBLEDevice,
FHRMeasurementGattCharact);
  end;
end;

// 현재의 센서 위치 특성 읽기
procedure TfrmHeartMonitor.ReadBodySensorLocation;
begin
  if FBodySensorLocationGattCharact<>nil then
    BluetoothLE1.ReadCharacteristic(FBLEDevice, FBodySensorLocationGattCharact)
  else begin
    Memo1.Lines.Add('FBodySensorLocationGattCharact not found!!!');
    lblBodyLocation.Text := 'Sensor location charact not found';
  end;
end;
```

05 특성에 등록(SubscribeToCharacteristic)하면 특성 값(심박수)이 변경 될 때마다 OnCharacteristicRead 이벤트가 발생합니다. 이때에는 GATT 프로필 사양에 정의된 데이터가 수신되므로 데이터 패키지 구조를 파악해 데이터를 분석 후 사용할 수 있습니다.

- **Heart Rate Measurement 데이터 패키지 구조** − https://developer.bluetooth.org/gatt/characteristics/Pages/CharacteristicViewer.aspx?u=org.bluetooth.characteristic.heart_rate_measurement.xml
  (데이터 패키지 구조를 보면 1Byte에는 데이터의 구조에 대한 정보(Flags)가 포함되었습니다. Flags의 첫번째 비트 값에 따라 Heart Rate 값이 1Byte/2Byte 저장됩니다.)

```
procedure TfrmHeartMonitor.BluetoothLE1CharacteristicRead(const Sender: TObject;
  const ACharacteristic: TBluetoothGattCharacteristic; AGattStatus:
TBluetoothGattStatus);
begin
  if AGattStatus = TBluetoothGattStatus.Success then
    ManageCharacteristicData(ACharacteristic);
end;

// 특성 값의 종류(UUID)에 따라 처리
procedure TfrmHeartMonitor.ManageCharacteristicData(const ACharacteristic:
TBluetoothGattCharacteristic);
begin
  if ACharacteristic.UUID = HRMEASUREMENT_CHARACTERISTIC then begin
    DisplayHeartRateMeasurementData(ACharacteristic.Value);
  end;

  if ACharacteristic.UUID = BODY_SENSOR_LOCATION_CHARACTERISTIC then begin
    DisplayBodySensorLocationData(ACharacteristic.Value[0]);
  end;
end;

// 심박수 데이터 분석 후 표시
procedure TfrmHeartMonitor.DisplayHeartRateMeasurementData(Data: TBytes);
var
  Flags: THRMFlags;
  LBPM: Integer;
begin
  Flags := GetFlags(Data[0]); // 패킷 분석
  if Flags.HRValue16bits then // 패키지 1Byte의 첫번째 비트 값
    LBPM := Data[1] + (Data[2] * 16)
  else
    LBPM := Data[1];
```

```
case Flags.SensorContactStatus of
  NonSupported: lblContactStatus.Text := '';
  NonDetected: lblContactStatus.Text := 'Sensor contact non detected';
  Detected: lblContactStatus.Text := 'Sensor contact detected';
end;

if Flags.SensorContactStatus <> NonDetected then
  lblBPM.Text := LBPM.ToString + ' bpm';
end;
```

지금까지 블루투스LE를 연동하는 샘플을 살펴봤습니다. 이 내용을 한번에 이해하기는 어려울 것입니다. 하지만 실제로 블루투스 장비를 가지고 해당 장비에 맞는 서비스 UUID를 찾아가며 GATT가 무엇인지 서비스의 UUID가 무엇인지 하나씩 이해하고 위 샘플을 본다면 어렵지 않게 이해할 수 있을 것입니다.

위 예제를 참고한다면 굳이 심장박동 센서가 아니라도 어떤 블루투스LE 센서와 장치라도 연동할 수 있습니다.

4장

플랫폼 SDK/API 및 안드로이드 .jar 사용하기

이 부록에서는 각 플랫폼의 SDK와 API를 이용하는 방법과 안드로이드 .jar 파일 등 외부 라이브러리를 델파이에서 사용하는 방법 등을 학습 하겠습니다.

델파이의 파이어몽키 프레임워크는 플랫폼 독립적인 컴포넌트와 라이브러리가 제공되기 때문에 단일 코드베이스에서 멀티 플랫폼 앱을 개발할 수 있습니다. 하지만 혹시라도 플랫폼 별로 최적화하기 위해 별도로 특화된 개발을 하고 싶다면 델파이 안에서 각 플랫폼의 SDK와 API를 직접 다룰 수도 있습니다.

대부분의 멀티 플랫폼 개발 환경들이 툴에서 제공되는 컴포넌트와 기능의 범위 내에서만 개발을 할 수 있는 것과는 달리 파이어몽키는 아래에 있는 피라미드 그림에 있는 3개의 영역을 모두 넘나들며 자유롭게 개발할 수 있습니다. 델파이 자체도 이 그림과 같은 구조로 만들어져 있으며, 역시 3개의 영역을 모두 넘나들며 구현됩니다. (참고로 델파이를 만드는 툴이 바로 델파이 자신입니다)

개발자들은 파이어몽키 컴포넌트를 사용하거나 라이브러리를 소스 코드에서 활용합니다. 예를 들어 사진찍기 컴포넌트를 사용하면 안드로이드와 iOS 뿐만 아니라 카메라 연결된 윈도우나 맥에서 모두 작동합니다. 하지만, 혹시라도 특정 플랫폼에만 있는 고유한 기능을 구현하고 싶다면 각 플랫폼의 SDK와 API를 직접 호출할 수 있습니다.

플랫폼 SDK와 API로 기능 추가하기

이 책 Part 1의 "1장. 스마트폰의 정보 사용하기"에서 스마트폰 정보를 조회하는 기능을 플랫폼 별로 구현했습니다. 우리는 실습을 통하여 플랫폼의 API를 사용해 보았고 조건부 컴파일을 통하여 플랫폼(안드로이드, iOS)별로 동작하는 코드도 작성해 보았습니다. 이때 사용된 코드를 다시 한번 보겠습니다.

```
implementation
{$IFDEF ANDROID}
// 안드로이드로 컴파일(Target Platforms > Android)하는 경우만 아래 코드를 사용
uses
  Androidapi.Jni.Os, Androidapi.Helpers;
{$ENDIF}
{$IFDEF IOS}
// iOS로 컴파일(Target Platforms > iOS Device/Simulator)하는 경우만 아래 코드를 사용
uses
  iOSapi.UIKit, Macapi.Helpers;
{$ENDIF}
```

위 코드는 플랫폼 기능을 사용하기 위하여 필요한 유닛(소스코드)을 추가하는 내용입니다. 델파이에서는 이미 플랫폼 SDK/API를 이용할 수 있는 브릿지 파일(자바/오브젝티브C 코드를 델파이에서 사용할 수 있도록 하기 위한 파일)을 제공합니다. 그 경로는 안드로이드, iOS 각각 다음과 같습니다.

· **안드로이드** : C:₩Program Files (x86)₩Embarcadero₩Studio₩[버전]₩source₩rtl₩android
· **iOS** : C:₩Program Files (x86)₩Embarcadero₩Studio₩[버전]₩source₩rtl₩ios

※ 위 경로는 사용자 PC 환경에 따라 다를 수 있음.

|||||| **따 라 하 기** ||||||||||||||||||||||||||||||||||||||||||||||||||||||||

이번 따라하기에서는 스마트폰에 설치되어있는 앱들 중에서 자주 사용하는 것들을 모아서 바로 실행시킬 수 있는 간단한 앱을 구현해 봅니다. 이 실습을 통해서 컴포넌트와 라이브러리로 제공하지는 않지만 델파이에서 제공되는 플랫폼 SDK 브릿지 파일을 활용하는 방법을 익힐 수 있습니다.

01 File 〉 New 〉 Multi-Device Application - Delphi 〉 Blank Application을 클릭합니다.
(모바일 스타일로 UI를 작성하기 위해서 스타일을 Android로 선택 후 작업합니다.)

02 아래의 스트럭쳐뷰와 화면, 그리고 표를 참고하여 UI를 완성합니다.

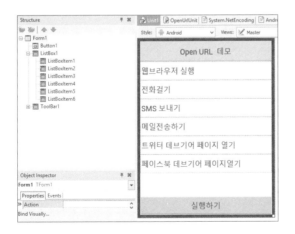

상위 오브젝트	오브젝트	속성	값(또는 설명)
Form1	ToolBar1		
	ListBox1	Align	Client
	Button	Align	Bottom
		Text	실행하기
ToolBar1	Label1	Align	Client
		Text	Open URL 데모
		TextSettings.HorzAlign	Center
ListBox1	ListBoxItem1	Text	웹브라우저 실행
		ItemData.Detail	http://tech.devgear.co.kr/
	ListBoxItem2	Text	전화걸기
		ItemData.Detail	tel://114
	ListBoxItem3	Text	SMS 보내기
		ItemData.Detail	sms://114
	ListBoxItem4	Text	메일전송하기
		ItemData.Detail	mailto://ask@embarcadero.kr
	ListBoxItem5	Text	트위터 데브기어 페이지 열기
		ItemData.Detail	twitter://user?screen_name=devgear
	ListBoxItem6	Text	페이스북 데이브기 페이지 열기
		ItemData.Detail	fb://profile/196936860384889 (http://graph.facebook.com/devgear: ID 참고)

03 File > New > Unit – Delphi 메뉴를 클릭하여 새로운 유닛파일을 추가하고 'OpenUrlUnit. pas'로 저장한 후 다음 코드를 구현합니다. (다음과 같은 코드는 안드로이드와 iOS에 대한 샘플 코드로 기능을 확인한 후에 델파이 코드로 구현할 수 있습니다.)

```
unit OpenUrlUnit;

interface

function OpenURL(const URL: string): Boolean;

implementation

uses
  IdURI, sysUtils, Classes, FMX.Dialogs
{$IFDEF ANDROID}
  , Androidapi.Helpers, FMX.Helpers.Android, Androidapi.JNI.JavaTypes,
```

```
   Androidapi.JNI.Net, Androidapi.JNI.GraphicsContentViewText
{$ENDIF}
{$IFDEF IOS}
  , Macapi.Helpers, iOSapi.Foundation, FMX.Helpers.iOS
{$ENDIF}
;


function OpenURL(const URL: string): Boolean;
{$IFDEF ANDROID}
var
  Intent: JIntent;
begin
  Intent := TJIntent.JavaClass.init(TJIntent.JavaClass.ACTION_VIEW,
    TJnet_Uri.JavaClass.parse(StringToJString(TIdURI.URLEncode(URL))));
  try
    SharedActivity.startActivity(Intent);
    Exit(True);
  except
      Exit(False);
  end;
end;
{$ELSE}
{$IFDEF IOS}
var
  NSU: NSUrl;
begin
  NSU := StrToNSUrl(TIdURI.URLEncode(URL));
  if SharedApplication.canOpenURL(NSU) then
    Exit(SharedApplication.openUrl(NSU))
  else
    Exit(False);
end;
{$ELSE}
begin
  raise Exception.Create('Not supported!');
end;
{$ENDIF IOS}
{$ENDIF ANDROID}


end.
```

04 Unit1에서 File > Use unit 메뉴를 클릭하고, OpenUrlUnit을 선택한 후 (implementation 선택) OK 버튼을 클릭해 해당 유닛을 사용하도록 uses절에 추가합니다.

05 버튼의 OnClick 이벤트 핸들러를 생성하고 선택한 항목의 ItemData.Detail 값을 이용하여 OpenURL을 실행하도록 아래 코드를 참고해 구현합니다.

```
procedure TForm1.Button1Click(Sender: TObject);
var
  URL: string;
begin
  if not Assigned(ListBox1.Selected) then
    Exit;

  URL := ListBox1.Selected.ItemData.Detail;
  OpenURL(URL);
end;
```

06 구현이 완료되었다면 안드로이드, iOS로 플랫폼을 선택하고 테스트해봅니다.

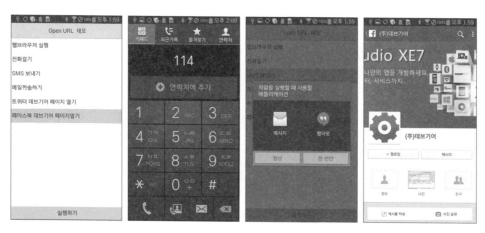

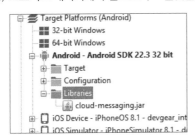

외부 라이브러리(*.jar)를 델파이에서 사용하기

델파이 XE7은 안드로이드 라이브러리(jar)/소스파일/클래스를 델파이에서 사용할 수 있는 브릿지 파일로 변환해 주는 Java2OP.exe (Java to Object Pascal) 툴을 제공합니다. 이 툴을 이용하면 서브디렉토리의 JAR 파일 또는 자바 클래스 파일을 이용할 수 있는 Object Pascal 네이티브 브릿지 파일을 자동 생성하여 델파이에서 이용할 수 있습니다.

안드로이드 라이브러리인 jar 파일의 경우 아래의 순서로 델파이 프로젝트에서 사용합니다.

1) Java2OP.exe 툴로 델파이 브릿지 유닛파일을 만듭니다.
2) 1)에서 만든 유닛파일을 프로젝트(jar 파일을 사용할 프로젝트)에 추가합니다.
3) 프로젝트 매니저에서 안드로이드 플랫폼 선택 후 Libraries 항목에 jar 파일을 추가합니다.

4) 2)의 유닛파일을 통해 jar파일를 연동하도록 구현합니다.

Java2OP.exe는 다음 링크를 통해 다운로드 받을 수 있습니다.

· 다운로드 : http://cc.embarcadero.com/item/30007

다음 엠바카데로 기술문서를 통해 사용 방법을 확인할 수 있습니다.

· 사용방법 : http://docwiki.embarcadero.com/RADStudio/XE7/en/Java2OP.exe,_the_Native_Bridge_File_Generator_for_Android

5장

EMS(Enterprise Mobility Services) 이용하기

Part 2에서 학습한 바와 같이 모바일 환경에서 사용자 인증을 하거나, 서버에서 데이터를 조회하고 저장하는 등의 기능들은 별도의 미들웨어를 활용하거나 클라우드 서비스를 이용하는 것이 일반적입니다. 그렇지만 이러한 백엔드서비스를 제공하는 미들웨어를 직접 구축하려면 복잡한 개발 과정이 필요하게 되고, 외부의 백엔드서비스 공급자의 서비스를 이용 하려면 보안 이슈가 발생할 수도 있고, 기능 커스터마이징에 있어서도 제한이 있습니다. 그리고 전자는 많은 개발 비용이 소요되고 후자는 사용료가 과금됩니다.

델파이(또는 RAD Studio)는 데이터스냅을 이용하여 손쉽게 미들웨어를 구축할 수 있지만 XE7 부터는 엔터프라이즈 모빌리티 서비스(Enterprise Mobility Services, EMS)를 도입하여 모바일 개발에 필수적인 이러한 기능을 손쉽게 활용하고 확장할 수 있습니다 (Add On License, http://devgear.co.kr/products/delphi/)

1. EMS 소개

EMS는 커스텀 API 및 데이터 액세스 모듈을 호스팅하는 미들웨어 서버를 손쉽게 구축할 수 있도록 해줍니다. 오픈 및 표준 기술을 기반으로 하는 EMS는 REST HTTP 호출과 JSON 데이터 포맷을 포함하며, 주요 DBMS 드라이버를 제공합니다. 사용자 관리, 사용자 인증, API 분석 기능 등이 구현되어 있습니다. 모바일 앱에서 기업의 DB간의 보안 접속 등 기업의 모바일 서비스를 위한 미들웨어 서버를 손쉽게 구축할 수 있도록 미리 구현된 미들웨어입니다.

턴키(Turnkey) 미들웨어 솔루션

맨바닥부터 새롭게 구축하는 것과는 달리, EMS는 개발 및 구성 시간을 크게 단축할 수 있도록 사용자 인증과 그룹관리 등의 인프라를 제공합니다. EMS는 회사 내부 또는 방화벽 뒤의 안전한 장소에서 자체 호스팅 할 수 있습니다. 회사 내부에서 호스팅함으로써 회사의 DB에 직접 접근하도록 할 수 있으며 회사의 방화벽의 보호도 받을 수 있습니다. 또한 커스텀 프라이빗 클라우드 호스팅은 확장성과 더 많은 대역폭의 유틸리티를 제공합니다.

커스텀 API 관리

EMS는 REST/JSON 인터페이스를 통해 노출된 커스텀 API들을 손쉽게 관리할 수 있으며 오브젝트 파스칼이나 C++ 언어로 손쉽게 EMS 패키지 생성, 특정 리소스 등록, 해당 요청 처리를 구현할 수 있습니다. 바로 사용할 수 있는 여러 컴포넌트들과 마법사를 이용하면 API 구현이 쉽고 개발도 간편합니다.

엔터프라이즈 데이터 액세스

EMS는 기존의 데이터와 엔터프라이즈 DBMS에 손쉽게 액세스 할 수 있으며, 관계형 데이터를 안전하게 저장할 수 있도록 인터베이스 서버 라이선스를 포함하고 있습니다. EMS의 DB 선택은 유연하므로 인터베이스를 이용할 수도 있고 다른 DBMS를 선택할 수도 있습니다. 인터베이스 ToGo는 iOS와 안드로이드 디바이스에서 작동되는 보안성 높은 임베디드 DBMS입니다. 이것은 데스크탑용도 제공됩니다. 테이블과 컬럼 레벨 암호화를 지원하는 인터베이스 ToGo는 EMS 라이센스에 포함되어 있습니다.

실시간 분석

사용자들의 활동과 REST API 이용 기록을 실시간으로 추적하고 분석해줍니다. 사용자와 그룹 목록을 탐색하고 현재의 활동들을 보여줍니다. 년간, 월간, 일간 REST API 사용량을 보여주고 개별 REST 리소스를 드릴다운하여 보다 자세히 파악하고 추적할 수 있습니다.

2. 간단한 EMS 커스텀 API 만들기

앞서 설명된 바와 같이 EMS는 커스텀 API와 데이터 액세스 모듈을 서비스하는 미들웨어 서버를 손쉽게 구축할 수 있으며 사용자 관리, 사용자 인증, API 분석 기능 등을 기본 탑재하고 있습니다.

이번에는 간단한 예제로 EMS 서버에 간단한 패키지를 생성하여 리소스를 등록하고 JSON API를 이용하여 호출한 후 EMS 콘솔을 통해 유저 및 API의 활동을 실시간으로 추적하고 분석해보겠습니다.

|||||||| **따 라 하 기** ||||||||||||||||||||||||||||||||||||||||||||||||||||||||||||||||||||

01 메인 메뉴 File > New > Other…를 선택한 후 EMS 폴더를 선택한 후 EMS Package를 선택합니다.

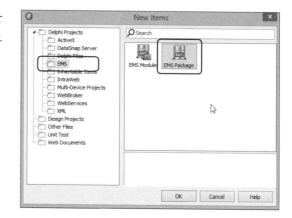

02 EMS Package Wizard에서 Create package with resource를 선택합니다. 리소스를 포함하여 패키지를 생성할 경우 클라이언트에서 호출하게 될 서버의 API를 생성하게 해줍니다. Next를 클릭하여 다음 화면으로 진행합니다.

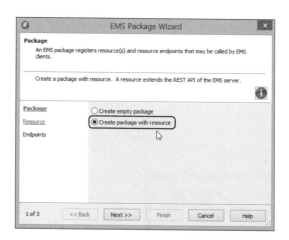

03 Resource name은 'test'로 입력하고 File Type은 Unit을 선택한 후 Next를 클릭합니다.

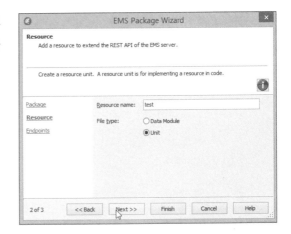

04 EndPoints를 Get을 선택하고 나머지는 해제한 후 Finish를 클릭하면 EMS Package 프로젝트가 생성됩니다.

05 EMS Package 프로젝트가 생성된 후 소스를 보시면 test라는 리소스가 생성되어 있는것을 확인할 수 있습니다. 아래의 코드를 참조하여 JSON API 호출 시 '한번에 개발하는 안드로이드/iOS with 델파이'를 전달 할 수 있도록 합니다.

```
procedure TMisDataResource1.Get(const AContext: TEndpointContext; const
ARequest: TEndpointRequest; const AResponse: TEndpointResponse);
begin
    // 스크립트 입력
    AResponse.Body.SetValue(TJSONString.Create('한번에 개발하는 안드로이드/iOS with
델파이'), true);
end;
```

06 이제 Run Without Debugging(Shift+Control+F9)를 클릭하여 실행합니다. (만약 이전에 EMS 서버에 대한 설정이 되어있지 않다면 EMS 서버 설정 창이 나타나게 될 것입니다. 일단 실습을 위하여 디폴트 설정으로 진행하여 완료하시기 바랍니다.) 정상적인 EMS 서버 설정후 다시 프로젝트를 실행하면 EMS Development Server 화면이 나타나며 서버의 로그를 확인할 수 있습니다. 디폴트 포트는 8080입니다만 만약 포트가 다른 프로그램에서 사용 중일 경우 충돌이 일어나게 되므로 사용하지 않는 다른 포트 번호를 입력한 후 Start를 클릭합니다.

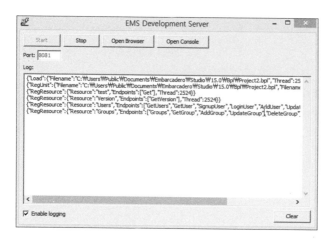

07 서버가 구동 중이라면 Open Browser를 클릭하거나 인터넷 브라우져를 열어 http://localhost:8081/test에 접속하시기 바랍니다. URL의 test는 처음에 프로젝트 생성 시 구현한 리소스명입니다. 소스에서 입력했던 문장이 화면에 조회가 되시나요?

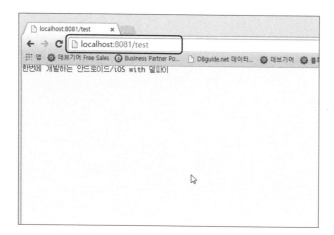

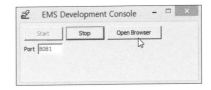

08 그렇다면 다시 EMS Development Server 화면의 로그를 살펴보시기 바랍니다. 방금 브라우저를 통하여 호출된 API에 대한 로그를 확인해 보시기 바랍니다. 호출된 리소스명, 메소드, 사용자, 일시 등을 확인할 수 있습니다.

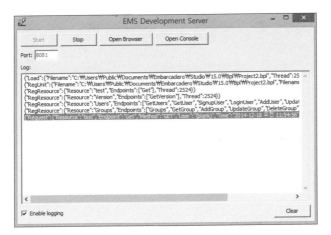

09 이제는 EMS 콘솔을 통하여 유저 및 API의 호출 내역을 조회해 보겠습니다. EMS Development Server 화면에서 Open Console을 클릭하면 EMS 콘솔 창이 나타납니다.

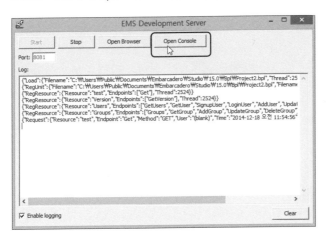

10 EMS 콘솔 창에서 Open Browser를 클릭합니다. 만약 다른 포트와 충돌이 발생된다면 다른 포트 번호를 입력한 후 Start를 클릭하시기 바랍니다.

11 EMS 서버에 대한 분석 화면이 웹브라우저에서 조회가 될 것입니다. 화면 우측 상단의 Login을 클릭하여 콘솔에 로그인을 하시기 바랍니다. 콘솔 사용자 계정과 비밀번호는 EMS 서버 설정 시 입력하였을 것입니다. 디펄트로 설정하였다면 유저 계정 및 비밀번호는 'consoleuser'와 'consolepass'입니다. 성공적으로 EMS 콘솔에 로그인이 되면 사용자 현황과 API 호출 내역 등을 그래프와 함께 조회할 수 있습니다.

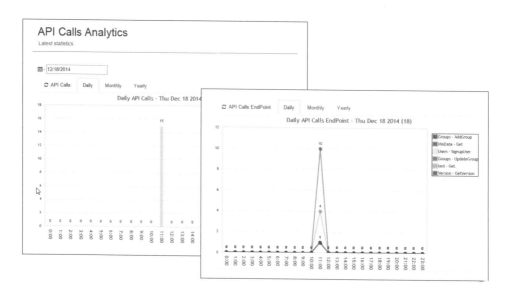

EMS를 이용한다면 모바일 앱에서 필요한 백앤드 서비스를 지원하는 미들웨어 서버를 손쉽게 구축할 수 있도록 해줍니다. 또한 외부의 서비스를 이용하는 것보다 기업의 소중한 정보에 대한 보안도 더욱 강화할 수 있습니다.

본 예제는 EMS의 기능 중 극히 일부분으로써 EMS에 대한 보다 구체적인 정보는 다음 링크의 도움말을 참조하시기 바랍니다.

http://docwiki.embarcadero.com/RADStudio/XE7/en/Enterprise_Mobility_Services

데브기어 개발 전문도서 시리즈

델파이 프로그래밍 언어

엠바카데로 테크놀러지 저 |
박지훈 역 | 342쪽 | 18,000원

델파이 Begin...End

김원경 저 | 668쪽 | 28,000원

C++빌더 Step by 클릭

김승현 저 | 424쪽 | 30,000원

한 번에 개발하는 안드로이드/iOS앱 with 델파이
(1편 – 기초다지기)

김원경,김현수,오상현 저 | 202쪽 | 10,000원

한 번에 개발하는 안드로이드/iOS앱 with 델파이
(2편 – 고급활용: 데이터·클라우드·3D)

김원경,김현수,오상현 저 | 10,000원

국내 최고의 IT 전문 과정

- **개발자 과정 :**　　**델파이 활용** – 델파이 기본과정(4일), 델파이 고급과정(3일)
　　　　　　　　　　　델파이 DB프로그래밍과 멀티–티어과정(4일)
　　　　　　　　　모바일 개발 – 한 번에 개발하는 안드로이드&iOS 앱 개발(기본, 2일)
　　　　　　　　　　　한 번에 개발하는 안드로이드&iOS 앱 개발(고급, 2일)
- **취업 지원 과정 :** 델파이 신입 개발자 과정(1달)
- **DB 모델러 과정 :** Skill UP! Speed UP! 데이터모델링 과정(1일)

교육문의 T. 02–595–4288 | E. ask@embarcadero.kr | 자세한 사항 : www.devgear.co.kr/edu

데이터 모델링 도구의 완성

가장 쉽고, 가장 강력한 데이터 모델링 도구

상세 정보 www.devgear.co.kr/products/er-studio

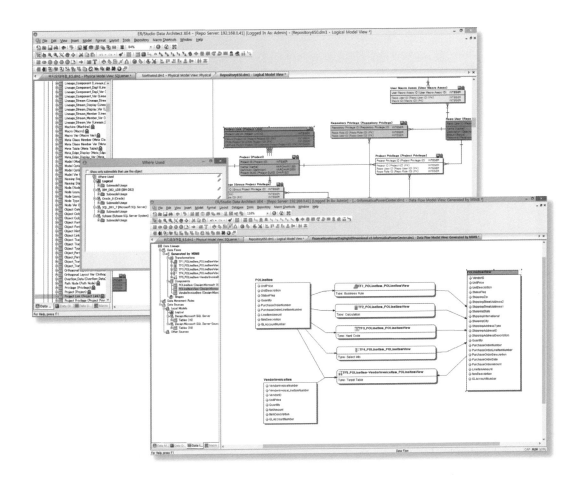

ER/Studio

데이터 거버넌스를 위한
크로스-플랫폼 DB툴

DB전문가들의 데이터 거버넌스 전략을 더욱 용이하게

상세 정보 www.devgear.co.kr/products/db-powerstudio

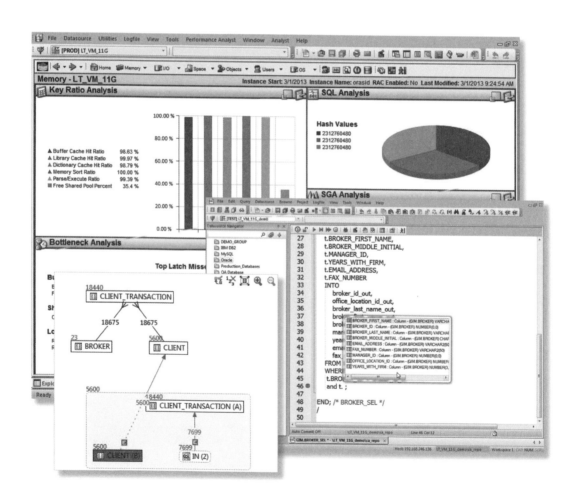

DB PowerStudio